現代医療とギリシャ神話

岡本五十雄

はじめに

ギリシャ神話には、私たちにとって興味ある内容が豊富です。しかし、生活に直結しないこともあって、ギリシャ神話に関連する書籍を読んでも、その時は面白いと思ってもなかなか記憶にとどめることができません。長い間、何か良い方法がないかと考えてきました。

そのうちに、ギリシャ神話には医学・医療と関わりのあるエピソードが多いことが分かってきました。

例えば「蛇と杖」のシンボルマーク、これはどこにでも見られますが、何を意味しているのか、考えても分かりません。ギリシャ神話に由来するのですが、それを理解できている人はごく稀です。

そのほか、「身体の部位」「心理学用語」「病名や症状」「薬剤名」など、ギリシャ神話に由来して名付けられたものは多くあります。しかし、こうしたことを紹介している書物は、現在に至るまで不思議と見当たりません。

そこで、このような視点から神話に近づき、さらに派生するさまざまなことを含めて、まとめてみました。

なお本書は、医歯薬出版の月刊誌「臨床栄養」に２０１２年７月から２年間連載しましたが、紙数に限りがあったことから、加筆修正し、北海道医療新聞社の「週刊・

北海道医療新聞」の特集号に改めて連載してきました。意外と評判がよく、多くの先生方から書籍にしてみたらどうかと勧められ、今回出版にこぎつけることになりました。

ギリシャ神話の舞台ははるか昔です。しかし神々の怒りや嫉妬は、現在の人々のそれと変わりありません。とても人間的で泥臭いのです。だからこそギリシャ神話は現代まで語り継がれてきたとも言えます。

きっと皆さんの共感を得られると思います。

第2章　病名や症状に関連する言葉

第3章　心理学用語

第4章　薬関係

序章

WHO、世界医師会、救急車、医師会のロゴマーク（印章）は蛇と杖

■なぜ蛇と杖なのか―医神アスクレピオスの杖

私たちの医療現場や関連する諸団体では、さまざまなところで「1本の杖に蛇が巻き付いたロゴマーク（印章）」を目にします。WHO、世界医師会、救急車のマークなどです。日本医師会はどうでしょう。折り曲げた杖の先端が蛇の頭になっています。これは、杖と蛇とを合体させたものです。

また世界各国の医師会のロゴマークを見てみると、アメリカ、イギリス、スイス、オーストラリアなどの医師会も、やはり1本の杖に蛇が巻き付いています。オーストラリアだけは、蛇が2匹の巻きついています。

さらに興味が湧いたので、いろいろなロゴマークを調べてみました。すると驚くなかれ、日本女医会のマークは、1本

WHO

世界医師会

の杖に2匹の蛇が対称的にハート型になって顔を向き合わせています。よく考えたものです。

薬学はどうでしょう。薬学も盃に蛇が巻きついています。これは「ヒュギエイアの盃」で、薬学のシンボルといわれています。

北海道の3医育大の中では、札幌医科大学のマークが、まっすぐな1本の杖に蛇がSの字を描いて巻きついています（札幌のSでしょうか）。

私はリハビリテーション科で仕事をしていますが、当初は整形外科でした。日本整形外科学会のロゴマークは、曲がった木をロープで縛りつけて、真っ直ぐにしようとしています。

整形外科はOrthopedicsといいます。この言葉は18世紀、フランス人のニコラス・アンドリーがギリシャ語の2つの言葉「まっすぐな＝ortho」と「子ども＝pedics」を合成してつくりました。そしてロゴマークは、同じ時期の1741年の作です。ギリシャ語から「Orthopedics」という言葉を合

日本女医会

日本医師会

救急車

成するくらいですから、当然アスクレピオスの杖の知識も持っていたはずです。それを題材に整形外科のロゴマークを創作したのでしょう。実に「１本の杖と巻きついた蛇」を連想させるマークです。ヨーロッパの知識人は、教養としてギリシャ神話をよく知っています。

ギリシャ神話の名医アスクレピオスは、医神であり、医学の象徴的存在です。その杖には１匹の蛇が巻きついており、「アスクレピオスの杖」と呼ばれています。**杖は命、巻きついた蛇は生命の象徴**です。蛇は脱皮して成長することから、不滅の命の象徴とも考えられ、特に欧米では、医療を象徴するものとされています。蛇は通常我々が考える汚いものでもいやらしいものでもありません。

アスクレピオスと蛇の巻きついた杖

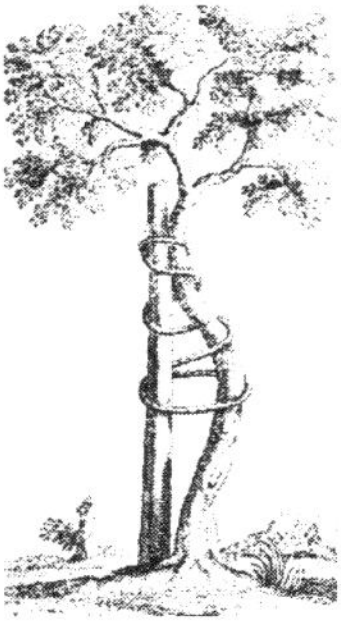

整形外科学会

ヒュギエイアの盃

ヒポクラテスの誓いとアスクレピオスの家族

「ヒポクラテスの誓い」には冒頭に医の神アポロン、アスクレピオス、ヒュギエイア、パナケイアおよびすべての神々に自分自身の能力と判断に従って、この誓約を守ることを誓う、とアスクレピオスが登場します。

アスクレピオスは太陽神といわれるアポロンとコロニスの子です。アポロンは女神アルテミスと一緒に生まれたゼウスの子です。アメリカのアポロ計画はこのアポロンに由来しています。

コロニスが浮気したために、あるいは単に友だちと話していたのを誤解されたともいわれていますが、怒ったアポロンは自らの矢でコロニスを射殺しました（アルテミスに頼んで射殺したともいわれています）。コロニスは身ごもっていることを告げて死んだため、火葬の中からアポロンは胎児を救い出しました。その子がアスクレピオスです。アポロンはケンタウロスの賢者ケイロンに養育を依頼しました。

ケイロンは半人半馬の動物です。音楽、医学、狩猟や予言にも優れていました。英雄であるヘラクレスやアキレウスたちを教育しています。

ケイロンのもとで育ったアスクレピオスはとても優秀で、特に医学で才能を開花し、師のケイロンさえ凌ぐようになったのです。時が経つとともに、アスクレピオスの医術はますます冴えわたり、死者まで生き返らせることができるようになったのです。そのため世の秩序を乱すものとしてゼウスに雷で撃ち殺されてしまいます。しかし死後、彼は神として崇められるようになり、各地にアスクレピオスの神殿が建てられました。アスクレピオスの神殿は医学知識の宝庫となり、彼の子どもたちもそれぞれ医学の道に進みました。

ヒュギエイア（Hygieia）は輝く美しさで知られる健康の女神です。パナケイアは薬学の神です。その下に、マカオンとボダレイリオスという弟がいます。

長男マカオンは外科医の守護神であり次男ボダレイリオスは内科の守護神といわれています。マカオンは父アスクレピオスが亡くなってからボダレイリオスを子どものように手塩にかけて育てました。

マカオンは、トロイ戦争の時にトロイの木馬の中にいた戦士でもありました。彼は戦場で槍に刺され死にます。それを知ったボダレイリオスは後を追おうとしましたが

ケイロン

周りの人に引き留められます。凱旋帰国の途上で海に身を投げますが、辿り着いた島で救われ、その土地の王女と結婚し平和に暮らしたということです。

ヒュギエイアは英語の Hygiene（清潔、衛生）の語源ともなっています。「アルプスの少女ハイジ」の名前の由来もそうです。ハイジが都会からアルプスに戻って、心と身体の健康を取り戻します。また足の不自由なクララも、アルプスの大自然で暮らすうちに、自分の足で歩けるようになりました。ここには環境と食事と愛情がありました。ハイジはヒュギエイアの姿ともいわれています。

パナケイアは「すべての治療をする神」であり、Panacea は「万能薬」という意

コラム

●ヒポクラテス顔貌

がんや消耗性疾患の末期には鼻梁が細くとがったようになり、眼窩は凹みます。これはヒポクラテス顔貌と称されています。ヒポクラテスの顔つきを意味するのではなく、重篤な患者の顔つきをヒポクラテスが記したのでこう呼ばれています。ヒポクラテスも顔は絵画や彫像画でよく見ますが、その顔にはがんや消耗性疾患を思わせるものはありません。

味で使われています。

以上が、ヒポクラテスの誓詞に出てくる神々ですが、アスクレピオスの妻エピオーネは、鎮痛と看護の女神ということになっています。
・ヒポクラテス（前460年〜前370年頃）は実在の人物で、ギリシャ神話には登場しません。
ヒポクラテスは、「病気そのものよりも患者を診なさい。いまや、我々は病気そのものに焦点を当てすぎ、患者には目が向いていない」「患者の環境や生活は病気の評価や回復過程すべてに重要であり、食事・習慣・年齢・思考などを観察すること」と警告していました。また、医師の役割は病気と闘う力を援助し、病気を克服できるようにすることだとも言っています。

●帝王切開

かのシーザーが母親の腹を切り開いて取り出されたので、帝王切開（Caesarian Section）と呼ばれるようになったといわれています。一方で後世のローマ帝国時代、コロニスの胎内から医神アスクレピオスが取り出されたことから、妊娠している女性が亡くなった時に腹を切り開いて胎児が生きているかどうか確認するという法律ができました。「帝王＝Caesar の法律によって定められた切開法」＝「帝王切開」と呼ばれるようになったともいわれています。

第1章 身体の部位に関連する言葉

アキレス腱→英雄アキレウス

アキレス腱は、人体の腱では最大のものです。この腱で身体の全体重を支えているといっても過言ではありません。つま先立ちしてみると硬く張ったアキレス腱に触れることができます。屈強の若者でも、この腱が切れると歩くこともできなくなり、へなへなと座り込んでしまいます。それで致命的な弱点のことを「アキレス腱」と言ったりします。

このアキレス腱もギリシャ神話に由来することは、よく知られています。それが英雄アキレウスです。アキレウスはまだ幼い頃、母親によって黄泉《よみ》の国の川ステュクスに浸され、不死身の身体になりました。し

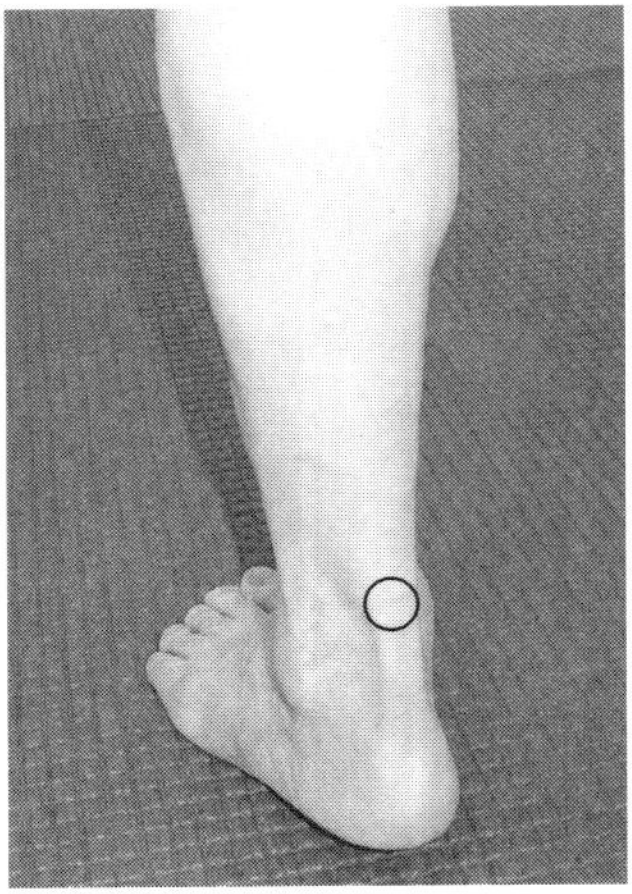

アキレス腱

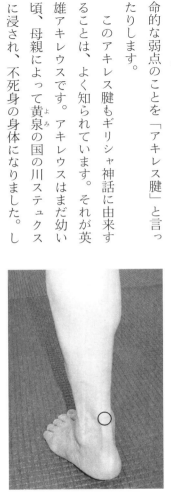

かしその際、母親はアキレウスの踵を持って浸したので、その部分だけが不死身にならなかったのです。

さて、トロイアにヘレネという絶世の美女がいました。ゼウスがスパルタ王妃のレダに生ませた子どもです。ヘレネは、当時ギリシャ諸国の中で一番繁栄していたミケーネの国王アガメムノンの弟メネラオスの妻でした。

トロイアの使者としてパリスがギリシャのスパルタにやって来ます。そこでパリスとヘレネが恋仲になり、トロイアにヘレネを連れて帰るのです。トロイアの使者が他人の妻を連れ帰るのですから物騒な話です。それが発端で、ギリシャとトロイアの間でトロイア戦争が起こりました。

トロイア軍には、知勇兼ね備えた最強の勇者ヘクトルがいます。ギリシャ軍はヘクトルにかないませんでした。アキレウスの刎頸《ふんけい》の友パトロクロスもヘクトルの前に敗れ去ります。ヘクトルに対抗できるのはアキレウスだけでした。

アキレウスをステュクスの流れに浸すテティス

（ピーテル・パウル・ルーベンス、1577-1640、フランドル）

そして両軍の勇者ヘクトルとアキレウスの決闘が始まります。流石のヘクトルもアキレウスの前に敗れ、アキレウスによって死体は戦車に縛りつけられて土の上を引きずり回されます。その時、ヘクトルの弟パリスが「神よ助けたまえ」と空中に矢を放つのです。矢はアキレスのただひとつの弱点である踵を射抜き、アキレウスはそれが原因で絶命してしまいます。

アキレウスは自分の死を予知しており、自分が亡くなった時に親友パトロクロスの遺骨とともに同じ骨壺で埋葬されるようにしていました。2人の友情と男同士の愛は、ここまで深かったのです。

・アキレス腱を断裂しても、アキレスのように致命的になることはありません。ギプスを巻いて治療したり、あるいは手術的に腱縫合して治すことができます。

コラム

●トロイア戦争は、もともとは3人の女神（ヘラ、アフロディテ、アテナ）の美を競う争いを、ゼウスがパリスの審判に委ねたことから起こる出来事です。パリスの持っている林檎を得たものが「最も美しい女神」なのです。
それぞれの女神はパリスの買収を試みます。林檎と引き換えにヘラは、全アジアの王位を、アテナは、戦における勝利と智を、アフロディテは、最も美しい人間の女性ヘレネとの結婚を、それぞれ提示したのです。そしてパリスが選んだのがアフロディテでした。

パリスの審判
リンゴを持っているのがパリス。真ん中にいるアフロディテに与える。なお、3女神の右はヘラ、左はアテナ。
（ルーベンス、1577-1640フランドル）

近世絵画にはパリスの審判を描いたものがたくさんあります。

トロイアの遺跡　ハインリッヒ・シュリーマン（1822-1890）ドイツの考古学者であるハインリッヒ・シュリーマンは、幼少期に聞かされたトロイア戦争のトロイアが実在すると考え、実際にそれを発掘によってそれを証明しました。事業に成功した後、発掘に乗りだし、トロイア戦争時代の遺跡やそれ以前にエーゲ海各地に文明が存在していることも証明しています（Wikipedia より）。

男同士の愛

●先ほど、アキレウスがバトロクロスの遺骨とともに同じ骨壺で埋葬されるようにするくらいに男同士の愛は深かったと記しました。このようなことはこの時代からあったと思われます。神話には、それ以外にも刎頸《ふんけい》の友といわれている記述があります。

●ギリシャではスパルタ軍が最強と言われていましたが、古代ギリシャのテーバイの150組300人の精鋭部隊（神聖隊）、これは男性同士のカップルで紀元前387年に編成された部隊ですが、この部隊がスパルタ軍を破っているのです。いざ戦闘となったとき、お互いに彼を守るために、また弱いところを見せられないので必死に戦います。彼が傷ついたり、殺されたときには、さらに激しい怒りがわき起こり、相手を必死に倒しに行きます。この力が勝利に導いたと言われています（Wikipedia）。

●そのほかに、男同士ではありませんが、アポロンは女性を愛しましたが、男性も愛しています。その点では両性愛といえるかもしれません。

男性のヒュアキントスはアポロンの恋人でした。顔立ちのよい美少年です。

このヒュアキントスに恋する西風の神ゼピュロスがいました。アポロンがヒュアキントスと楽しそうに円盤投げをして遊んでいました。アポロンがヒュアキントスに円盤を投げたときです。嫉妬したゼピュロスが強い横風を吹き付けたのです。円盤は急に反れて、ヒュアキントスの顔に激しく当たりました。

ヒュアキントスは血に染まり、医の神アポロンの介抱も虚しく、彼の腕の中で死んでいきました。血の染みた大地からはヒヤシンスの赤（紫とも）い花が咲いたと言うことです。ヒヤシンスの花言葉、それは「悲しみを超えた愛」。

近世絵画でアポロンがヒュアキントスを裸で抱き閉めています。

ヒュアキントスの死
（ジャン・ブロック、サントクロワ美術館、フランス）

■アトラス（第一頸椎）↓オリンポス12神と戦ったとティタン親族アトラス

第一頸椎はアトラスといいます。丸い形をしていて、頭蓋骨を支えています。その形が、いかにもゼウスの罰を受けたアトラスが天空を支えているように見えます。またアフリカの西北端にあるアトラス山脈もあたかも天を支えているように見えます。

大西洋（Atlantic Ocean）の名は、このアトラスに由来しています。

ギリシャ神話におけるアトラスは、巨人族ティタンの1人で、大変優れた才能を持っています。アフリカの北部のマウリタニアという国の王で、15人の娘がいました。争いごとを好まない穏やかな性格で平和に暮らしていたのです。プロメテウス（先に考える人という意味）とエピメテウス（後で考える人）とは兄弟、ゼウスとは従兄弟になります。

ゼウスが父クロノスとの10年に亘る大戦争の時に、ティタン神族の1人として、やむを得ずクロノス側についたのです。プロメテウスとエピメテウスはゼウス側につきました。血を分けた戦いで、空も海も大地も燃え、砕け散りました。

結果は……クロノス、ティタン神族軍の大敗で終結します。彼らはタルタロスという暗黒の世界に封じ込められてしまいました。アトラスは、ゼウスから一生天を支え

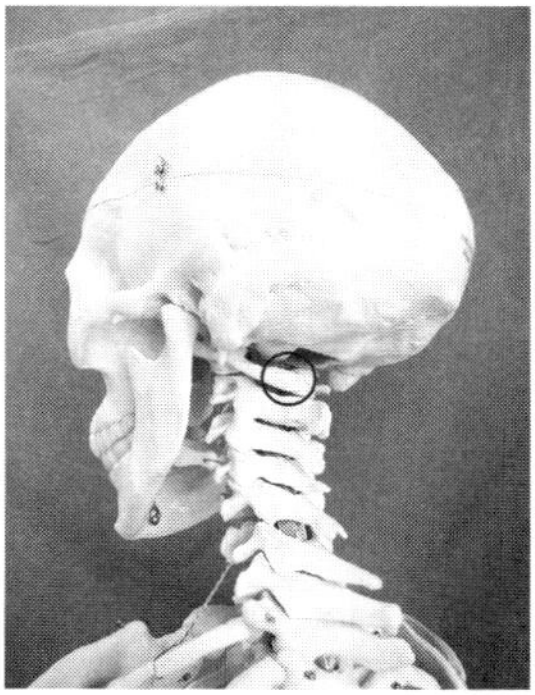

第一頸椎（アトラス）

小さな第一頸椎で頭蓋骨を支えている

天空を支えるアトラス

（グェルチーノ、1591-1666、イタリア）

る罰を受けたのです。それが頭を支える第一頸椎に似ているので、第一頸椎＝アトラスと呼ばれるようになりました。

天を支えるのは、とても辛く耐えきれません。その後、メドゥーサの首を持って通りがかったペルセウスに会いました。メドゥーサには、見たものを石に変える能力があります。アトラスはペルセウスに頼んで石にしてもらい、天を支える苦痛から解放されました。マウリタニア北部にあるアトラス山脈が、石になったアトラスといわれています。

コラム

長年、解剖の地図帳ということでAtlas of Anatomyという言葉が使われています。なぜ地図帳にアトラスという言葉が使われる理由が分かりませんでした。

地図投影法のひとつ（メルカトル図法）で有名なオランダの地図学者・ゲラルドゥス・メルカトルは世界地図帳の出版に取り組みました。しかし未完のまま没し、完成した暁には自分の地図帳に「アトラス」と名付けるようにと息子に遺言を残しました。メルカトルの死の翌年の1595年、遺言どおり「アトラス」と名付けられた全107の図葉からなるメルカトルの地図帳が完成した。地図も反響をよんだが、このメルカトルによって名付けられた「アトラス」が各国に輸出され、やがて地図帳を表す名詞になりました。
(Wikipedia)

チタン合金・タイタニック号↓ティタン神族

ティタンは英語ではタイタンといい、タイタニック号の名の由来でもあります。ティタン神族は戦いに敗れ、タイタニック号は氷山にぶつかり海に沈みました。不思議な因縁ですね。

一方で丈夫な名前で残っているものもあります。それはチタニウムです。チタニウムの合金は軽くて丈夫で長持ちするので医療分野でも多く使われています。ピンセットや整形外科の器械・器具など、身近なところでは、眼鏡のフレームに使われています。

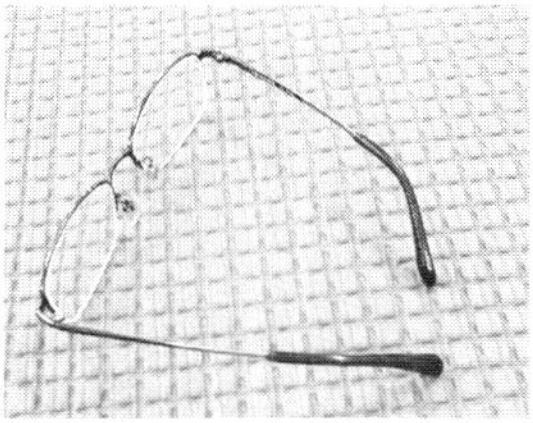
眼鏡のフレーム

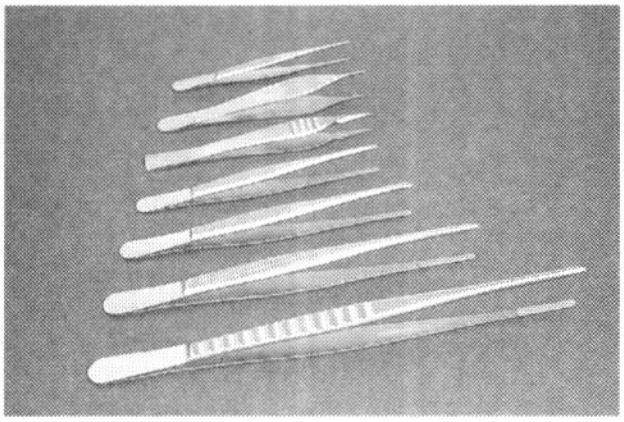
チタン合金でできている各種ピンセット

アイリス（虹、瞳、あやめ）↓虹の女神イリス

瞳をアイリスといいます。アイリスには虹、アヤメの意味もあります。恋人同士が語り合っているとき、女性は輝いて見えます。化粧や服装などがいつもと違い、また表情も豊かになっているので、そう見えるのかもしれませんが、それだけではありません。人は感情が高ぶっていると、瞳（瞳孔）が大きくなります。

ある実験です。同じ女性の顔写真を2枚用意します。瞳を大きくしたものとそうでないものです。そして美しく見える方を選んでもらいます。すると皆、瞳の大きい方を選びます。瞳を大きくした方が優しく美しく見えるのです。

中世の社交界では、貴婦人たちがベラドンナ（Belladonna）の葉と根を煮出してアトロピンを取りだし、目薬として使用し、瞳孔を開き綺麗に見せたということです。瞳孔を開くと相手の顔が見えにくくなりますが、そうまでして美への拘りがあったのですね。ベラドンナとはイタリア語で美し

イリス
天と地を行き来する虹の架け橋
（ヘッド・ガイ、1753-1800、イギリス）

い貴婦人という意味です。

さて、イリスはギリシャ神話の虹の神で、ゼウスの妻ヘラに仕えた侍女でした。とても若く美しいため、ゼウスはイリスに魅せられて、妻ヘラに内緒で恋を囁きかけてきます。イリスは拒みましたが、ゼウスはおかまいなしに迫ってきます。

ちなみにギリシャ神話では、ゼウスを拒むことができた女性はほとんどいません。イリスのほかに拒んだ女性でアステリアがいますが、彼女は不毛の地「デロス島」に変身させられたともいわれています。この島はアポロンとアルテミスの双子の出産の地です。

イリスも拒み続けました。ヘラは毅然とした態度のイリスを高く評価し、神々の使者としての役割を与えました。その祝賀会でヘラが祝杯をあげたとき、お酒が何滴か地面にこぼれ、色鮮やかなアイリスの花となったということです。そしてイリスが神々の使者として大

天空につながる虹（筆者）

空を渡るときには胸から輝き出た7色の光が虹となって、その道筋を照らしてくれました。この虹は、天と地を行き来するための架け橋となったのです。

そのほかにイリジウムという金属元素があります。1804年にイギリスの化学者テナントによってよって発見されました。綺麗ないろいろな色を発する珍しい元素です。彼はその色からイリジウムと命名したのです。

> **コラム**
>
> アイリス花言葉「吉報、優しい心」「和解、私はあなたにすべてを賭ける」「恋のメッセージ」「あなたを大切にします」「やわらかな知性」

ハイメン（処女膜）↓結婚の神ヒュメン（男性神）

古代ギリシャでは花嫁がお嫁に行く時、おおヒュメン、ヒュメンと叫ぶ習慣があったといわれています。私は田舎の育ちですが、子ども時代、お嫁さんは嫁ぐ時に、花嫁衣装を着てそのままお婿さんの家に行っていました。現在のようにホテルで披露宴をするということではなかったのです。よく子どもたちが「お嫁さんだ」「お嫁さんだ」と囃したてて、その家の周りに駆けつけていったものです。その光景に似ています。

ヒュメン（Hymen）とは、本来は皮、膜のことです。現在のように、特定の場所、処女膜の意味に使ったのは、1550年頃ベルギーの解剖学者アンドレアス・ヴェサリウス（Andreas Vesalius・1514〜1564年）です。

どうして彼がこの名前をつけたのか。それについては、彼が生きていた時代背景をみておく必要があります。

当時のヨーロッパは、貞操観念がとても強い時代でした。戦国時代に35年間、日本に滞在していたポルトガルの宣教師でルイス・フロイス（1532〜1597年）という人がいます。彼は、織田信長や豊臣秀吉に仕えました。

彼は「ヨーロッパ文化と日本文化」という本を書いていています。当時を知る貴重な資料で、特に注目さ

ファブリカ記載の肖像画
（ヴェサリウス）

ヒュメン（上段にいる）
ルイ14世の長男、大王太子（グラン・ドーファン）ルイ・ド・フランスと、バイエルン選帝侯の息女マリー＝アンヌ＝クリスティーヌ＝ヴィクトワール・ド・バヴィエールの政略結婚を象徴化
（アルヌー・ド・ヴュエ、1644-1720）

れるのは、日本の当時の生活習慣や考えた方が克明に書かれていることです。その中に「ヨーロッパでは、未婚の女性の最高の名誉と尊さは貞操であり、その純潔が犯されていない潔さである。日本の女性は処女の純潔を少しも重んじない。それを欠いても名誉を失うこともなく、結婚もできる」。さらに「ヨーロッパでは、妻を離別することは罪悪であるうえに、最大の不名誉である。日本では意のままに幾人でも離別する。妻はそのことによって名誉も失わないし、また結婚もできる」と。

女性に対する考え方が随分と違っていたことが分かります。

ヴェサリウスもフロイスも、この貞操観念の強い時代に生きていました。知識人であるヴェサリウスは当然ギリシャ神話に精通していたでしょうから、未婚女性の貞操観念を象徴するものとして、結婚の神ヒュメンを思いついたのと考えるのは、あながち間違いではないでしょう。

ヴェサリウスはブリュッセルに生まれています。解剖学者であり医師でもあり、現代人体解剖の創始者といわれています。

人体解剖の書、ファブリカ（De humani corporis fabrica＝人体の構造）は彼の著作です。彼の書いた解剖図は現在の解剖学教科書の表紙や中のイラストにもよく使われています。とても正確で緻密で、それ以前の解剖学書は比べものにならないくらいすばらしいものです。

彼は、心臓は4つの室からなり、血液は心房間中隔を通過しないこと、血管の始まりは肝臓ではなく心臓であることを証明しました。さらに肝臓は2葉からなることや、2つからなると考えられていた下顎骨が1つの骨からできていることも証明しました。当時の常識を覆す業績を、数多く残しています。

コラム

日本女性の社会的地位と綜麻《へそ》繰《く》り

再びルイス・フロイスの「ヨーロッパ文化と日本文化」をみてみます。

「ヨーロッパでは夫が前、妻が後になって歩く。日本では夫が後、妻が前を歩く」

「ヨーロッパでは財産は夫婦の間で共有である。日本では各人が自分の分を所有している。ときには妻が夫に高利で貸し付ける」などとあります。

女性の社会的地位の高さを端的に示しています。なぜでしょうか。

戦国時代の女性はよく働き、男性に負けないくらい稼いでいました。だから結婚前も、そんなこと気にする必要なかったし、結婚しても自分で稼いでいたから、比較的自由に離婚できたと考えられます。だからといって、再婚に不利だったかというと、その影響はまったくなかったということです。

女性の社会的地位の高さは、「綜麻《へそ》繰り」という言葉に端的に示されています。

中世では、女性は自分で養蚕し「綜麻繰り」をして夫に貸し付けていました。ヘソクリの語源は、ここからきています。綜は糸偏です。麻は糸です。繰も糸偏です。戦国時代や江戸時代には、麻糸をかける道具を「綜《へ》」といい、綜をかけた麻糸を繰《く》り、糸巻きにしていくことを「綜麻繰り」といいました。現在では、「臍」繰りという字が当てられていますが、もとは「綜麻」繰りと書いたのです。

女性はこの綜麻繰りでお金を貯めていたのです。夫の金の一部を隠し持って貯めていたわけではありません。だから貸し付けもしていたのです。この「綜麻繰り」という言葉に、女性の自立性をみることができます。また当時女性は、市場に出て積極的に交渉もしていました。中近世の絵巻にもそれがよく出ています。

●三行半

江戸時代に「三行半」という言葉がありました。これは離縁状の俗称です。離縁状の内容が3行半であったことから、この言葉が使われています。以前は、男性から一方的に突きつけられると考えられていましたが、女性からも突きつけられることもできることが分かり、女性の強さを逆に示すものではないかとも考えられてきました。

女性の地位が低くなったのは、明治時代になってからのようです。

テレビで戦国時代や江戸時代の女性を見ると、ほとんどがいつも夫に傅いて貞淑な妻を演じていますが、決してそうでなかったことが分かります。

●病草紙《やまいのそうし》にみる女性の地位

病草紙は、平安時代末期から鎌倉時代初期頃に描かれた絵巻物です。その中に「肥満の女」があります（12世紀頃）。

「ちかごろ（近頃）、七條わたりにかしあげ（借上）する女あり、いゑ（家）と（富）み、食ゆたか（豊）なるがゆへ（故）に、身こえ（肥）、しゝ（肉）あまり（餘）て、行歩たやす（容易）からず、まかたちのおんな（女）、あひたす（助）くとい（雖）へどん、（も）あせ（汗）をなが

病草紙〈肥満の女〉福岡市美術館蔵

（流）してあえたく、とてもかくてもくる（苦）しみつ（盡）きぬものなり、」という詞書《ことばき》がついています。

現代語にすると、「京の七条のあたりに、女の高利貸しがいた。あくどい商法が成功して、たちまちのうちに金満家になった。満ち足りて、何不自由ない暮らしに、朝夕美食をするうちに、みるみる肥満体になった。立ち居振る舞いはむろんのこと、歩くのも思うに任せない。外出などには、付き添いの女たちが両方から肩を貸さねばならぬ有り様であった」。

この女性に対する批判はともかく、当時金貸しができるくらいに自立している女性がいたことを示しています。

プロメテウスの肝臓↓肝臓の強い再生力（生き延びた子供たち）

肝臓の再生能力や解毒作用はいうまでもありませんが、ギリシャ神話の時代に肝臓の再生能力を知っていたと思われる物語があります。

プロメテウス（Prometheus）はティタン神族で、先に考える人（先見の明の持ち主）という意味です。弟にエピメテウス（Epimetheus）がおり、これは後で考える人という意味です。天空を支えるアトラス（第一頸椎）は兄にあたります。プロローグ（prologue＝序幕、序文、事件の発端、前触れ）、エピローグ（epilogue＝結語、結末、終局、最終番組）は、それぞれプロメテウス、エピメテウスに由来していると考えられます。

プロメテウスはゼウスに断りなく火を盗んで人類に与えました。また生活に必要なもの、建築や物の加工技術、文字や動物の飼育なども人間に教えました。そのおかげで人類は繁栄しましたが、同時にわがままになり増長するようにもなりました。

そこでゼウスはプロメテウスと人類を罰することを考えます。

プロメテウスへの罰は、彼をコーカサスの山に磔にし、日中は肝臓を鷲に食われるという過酷なものです。しかし食われた肝臓は一夜にして再生されます。そしてまた鷲に食われるのです。

人間の場合、一夜にして再生することはありませんが、古代ギリシャ人は肝臓の再生能力をよく知っていたと考えられます。

鷲に肝臓を食われるプロメテウス
（ギュスターヴ・モロー、1826-1898、フランス）

このプロメテウスの苦痛は、ヘラクレスが鷲を倒してくれるまで続くのです。ヘラクレスは鷲を落としてくれた見返りに、黄金のリンゴを手にする機会を与えられます。この黄金のリンゴによって、不死と永遠の若さが授けられるのです。

人類にはどのような罰が与えられたのでしょうか。

当時、人類は男ばかりの世界で、まだ女は存在していませんでした。そこで男の苦しみとなるために生み出されたのが、人類最初の女「パンドラ」でした。

ヘスペリデスの園

不死と永遠の若さを授けられるという黄金のリンゴが3人の娘によって守られている

木の上にリンゴがある

（フレデリック・レイトン、1830-1896）

■パンドラの箱→人類に初めて病気をもたらした

パンドラは神々によって合成された女です。ヘパイストス（火と鍛冶の神）よって作られた美しい女体に、アフロディテ（神々の中では一番の美女）のように男を骨抜きにする魅力、アテナの持つ機織りの技術を身につけ、ヘルメス（商業、泥棒の神）

のどん欲な泥棒の性質を兼ね備えた女性なのです。こんな女性がいるのかと思うような女性です。

ゼウスはパンドラに1つの箱（壺ともいわれます）を授けました。そして「この箱を絶対に開けてはならない」と言い含め、パンドラを地上に降り立たせました。

地上に降りたパンドラは、エピメテウスのところに行きます。エピメテウスは兄のプロメテウスから、ゼウスからの贈り物には充分注意するようにと忠告されていたのですが、パンドラの美貌にすっかり参ってしまい、2人は結婚するのです。

2人はしばらくの間、幸せな生活を続けていました。しかしパンドラは、決して開けてはいけないと忠告されていた箱の中を見たくなりました。開けてはいけないと言われると、どうしても開けてみたくなるのが人間の心理。好奇心は抑えきれず、とうとう開けてしまいました。

すると箱の中から病気・悪意・戦争・嫉妬・災害などあらゆる悪（災い）が飛び出してきました。それまで人類には病気がなかったのですが、遂に病気にかかるように

パンドラ

「ほんのちょっと、ほんの少しばかり」と覗いてしまいます（ジョン・ウィリアム・ウォーターハウス、1849-1917）

なったのです。また、今も世の中に悪いことが蔓延《はび》こっている、これもパンドラが箱を開けたことによるものです。

びっくりしたパンドラは慌てて蓋を閉めましたが、もう後の祭り、あらゆる災いは箱の中に戻すことはできません。パンドラは、泣き出してしまいました。

その時です。箱の中から小さな声がしました。

「パンドラさん、泣かないで。まだ希望が残っています。私は希望です。人間の社会に悪いことが広がって苦しむでしょう。でも、私、希望がある限り、人間は災いに打ち勝つことができるのですよ」

この優しい言葉に、パンドラも気を取り直しました。現在、私たちが生きていけるのもこの希望が残っているからです。

人はしなくてもいいことをしてしまったり、言わなくてもいいことを言ってしまって窮地に陥ったときによく「パンドラの箱を開けた」といいます。

歴史を振り返ると、パンドラの箱を開ける人が多くて、希望がついていかないですね。
※パンドラの箱の中の希望は、外に出ていないので、希望は箱の中にしまわれています。このことは、希望は世の中に出ていないことになります。

しかし、ここは神話ですので、大事なものが残っていると解釈して、パンドラの箱を理解しましょう。

箱舟を造り生き延びた子供たち

人間の堕落を怒ったゼウスが大洪水を起こし、人類を滅ぼそうとしていたとき、デウカリオンは父プロメテウス（先に考える人）から、あらかじめ箱船を作るように指示されていた。デウカリオンはエピメテウス（後で考える人）とパンドラの娘ピュラを妻としており、洪水が起こった時に箱舟に乗り込み、10日目にパルナッソス山に着いて死を免れました。

デウカリオンが投げた石から人間の男が誕生し、ピュラが投げた石からは人間の女が誕生した。こうして人類は絶滅を免れたといわれます。

この神話が、ノアの箱舟とよく似ているのです。ノアの箱舟は、旧約聖書の「創世記」に書かれている物語です。「ノア」は神を信仰し、まじめに生きていました。それ以外の人々は悪いことばかりをして、堕落し、好き放題でした。怒った神は、ノアとその家族だけ助けることにしました。神はノアにあらかじめ箱舟を作らせ、妻、息子たち夫婦、あらゆる動物の雄と雌を二匹ずつ船に乗らせ、洪水を起こしたのです。

生き延びたノアの親族、動物は私たちの祖先なのです。

ヒポカンプス（記憶に関係する海馬）↓ヒポカンプス

海馬はヒポカンプス（Hippocampus）といいます。
Hipposs はギリシャ語で馬という意味です。Campus はラテン語で河馬をいいます。同じような言葉を重ねています。

海馬は十二神のひとり海神ポセイドンが海上で乗っている怪獣です。馬の胴に魚の尾が付いています。医学用語の海馬は大脳半球の側脳室の下角の壁に沿って隆起しています。これがこの怪獣と形が似ているので海馬と命名されました。タツノオトシゴにも似ています。命名はイタリアの解剖学者アランチオ（Aranzio・1530〜1589年）です。

別名アンモン角《かく》ともいいます。海馬の形がエジプトの太陽神アンモンの角《つの》に似ているので、デンマークの解剖学者ウインスロー（Winslow・1669

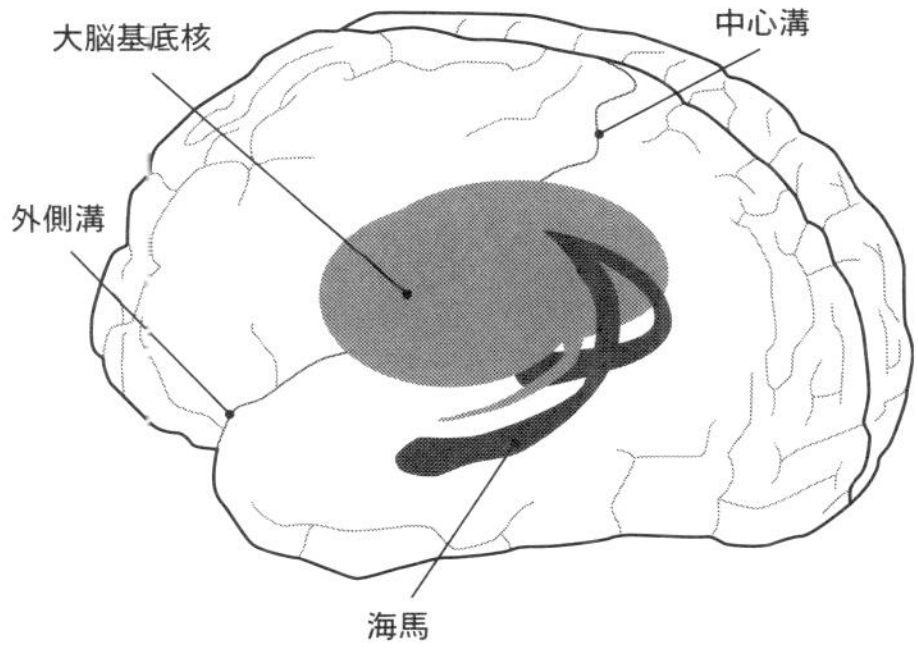

海馬

〜1760年）が命名しました。

海馬の作用は最近では十分研究されています。脳の記憶や空間学習能力に関わるとても重要な器官です。海馬に行く血液の量が少なかったり、酸素不足になったりすると、その能力に影響を強く受けたりします。

日常的な出来事や勉強して覚えたことは、この海馬に一度蓄えられ整理整頓され、その後大脳皮質に蓄積されていきます。新しい記憶は海馬に、古い記憶は大脳皮質に蓄えられているということになります。

アルツハイマー型認知症との関連もあります。アルツハイマー型認知症における最初の病変部位が海馬であり、海馬に新しい記憶が蓄積されなければ、当然大脳皮質にも蓄積されるものがありません。

その場その場の会話は成立しても、記憶されることができないので、すぐ忘れてしまいます。また自分の言ったことも忘れてしまいます。日常生活は残っている古い記憶を頼りに行われることになります。

海馬に乗っているアリオン
（ウィリアム・アドルフ・ブグロー、1825-1905）

そのほかに扁桃体ともつながっており、重要な役割を果たしています。情動の発現、それにともなう行動に関係しています。強い心理的ストレスを長期間受け続けると副腎皮質ホルモンの分泌が起こり、海馬の神経細胞が破壊され、海馬が萎縮するといわれています。自分の身のまわりの人たちが次々と死んでいくような戦争体験や極端な恐怖などの心理的外傷を受けた場合に起こる、いわゆる心的外傷後ストレス障害（PTSD）やうつ病の患者には、その萎縮が確認されるともいわれています。

心の安定した豊かな人生は平和のもとで訪れます。日本を戦争の国にはしたくないですね。

▒ ラビリンス（内耳＝迷路、迷宮）→迷宮ラビリンス

迷宮（Labyrinth）とは、簡単に出口が分からないように作られた宮殿です。解決できなかった事件を迷宮入りした（The case went unsolved）と、よくいいます。

医学的には迷路といわれ、同じくLabyrinthといいます。耳の最深部にあります。迷路は蝸牛、前庭、三半規管よりなります。ここは複雑で入り組んでいて、まさに迷宮（迷路）を思わせます。

ギリシャ神話では、「アリアドネの糸」の中にあります。怪物ミノタウロス退治に

行ったアテナイの王子テセウスを助けるため、クレタ島ミノス王の娘アリアドネが与えた糸のことです。

戦慄の獣人ミノタウロスとは、身体は人間ですが頭は牛の怪物です。クレタ島の島民を追い回し、喰らい、島中を恐怖のどん底に陥れたのです。

困りはてたミノス王は、名工ダイダロスに巨大な迷宮を造らせ、獣人ミノタウロスを閉じこめました。そして、毎年アテネから送られてくる少年少女7人を迷宮に閉じこめ、ミノタウロスの生け贄としたのです。

こうしたことは長く続けられるものではありません。3回目の時、ミノタウロスの退治のために、アテナイの英雄テセウスが7人の若者の中にまぎれ込んでクレタ島にやってきました。

ミノス王の娘アリアドネがテセウスを見て一目惚れしてしまいます。アリアドネは、

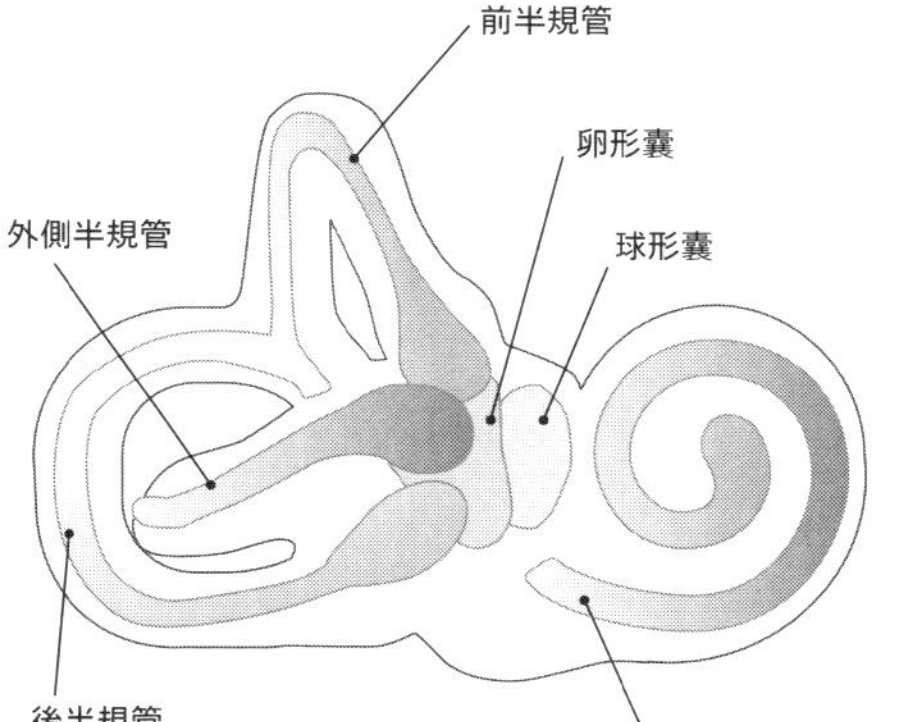

迷路（内耳）の構造
まさに迷路のようです

テセウスを助けることで、自分をクレタ島から連れ出してもらうことを約束させました。

アリアドネは名工ダイダロスに相談します。それは糸玉の糸を迷宮の入り口の扉に結び、糸をほどきながら迷宮の中を進んでいきます。ミノタウロスを退治した後は、その糸を手繰って戻ってくるというものです。作戦は見事成功、テセウスはミノタウロスを退治して、迷宮から無事脱出することができました。

その後テセウスは約束を守り、アリアドネを連れてクレタ島を脱出しました。しかし残念なことに、アリアドネとテセウスは一緒になることはありませんでした。

「アリアドネの糸」は難問解決の手引き・方法の意味で使われます。難問を解く方法が分かったとき、「アリアドネの糸を見つけた」ともいいます。またアリアドネがテセウスに陰ながら力を貸してくれたことで、「内助の功」という意味もあるようです。

※ミノタウロス退治の物語

イギリス人考古学者アーサー・エヴァンスはクレタ島に巨大な宮殿を発掘。地下に迷宮があり、宮殿のあるところに牛や牛の角などの壁画を見つけている。宮殿からは、トロイアの遺跡同様実在のことが見い出されることがよくある。

■ヴィーナス（アフロディテ）の丘
↓妖艶なアフロディテ

アフロディテは美と愛の女神です。ウラノス（ウラニウムの語源）の男根の泡から生まれたともいわれています。

女神の中で一番の美女です。近世絵画では「ヴィーナスの誕生」ということで、海上に裸体で立っていたり、横になっていたりして誕生の姿が描かれています。いずれもエロス（キューピッド）に囲まれています。

パリスの審判の時に、パリスに世界で最も美しい女性ヘレネとの結婚を約束したのが、アフロディテでした。それがトロイア戦争のきっかけとなったのでした。

アフロディテの夫は、神々の中では足が悪く、醜男であるヘパイストスです。火（炎）と鍛冶の

ヴィーナスの誕生
（アレクサンドル・カバネル、1823-1889）

ヴィーナス（アフロディテ）の誕生
（ウィリアム・アドルフ・ブグロー、1825-1905、フランス）

神で必要なものは何でも作れたのです。

しかし、彼女は戦闘しか能力のない神であるアレスと不倫の仲になるのです。その2人から、美しいハルモニア（ハーモニー＝調和の語源）、ポボス（Phobia＝恐怖の語源）、デイモスが生まれたのです。

エロス（キューピッド）も彼女の子だという説があります。彼女のそばにいつもエロスがいます。エロチックという言葉の由来になっていますが、エロスは恋の弓矢と鉛の弓矢を持ち、決していやらしくありません。

人体にアフロディテと関連する名前があります。ヴィーナスの丘（恥丘）です。これは恥骨の上の盛り上がったところをいいます。ヴィーナスはアフロディテのことです。彼女に関連するものの名は、それこそエロチックですね。

■ミロのヴィーナスと絶対美（黄金比）

ミロのヴィーナスの像は、私たちにとってなじみ深いですが、ローマに伝わってからアフロディテがヴィーナスになったのです。

ミロのヴィーナスは1820年にギリシャのキュクラデス諸島の南西ミロス島で発

見されました。大理石製で高さ2・02m。様式からヘレニズム時代の初期、紀元前150〜120年頃のものと推定されています。現在はパリのルーブル美術館の入り口に立っています。圧巻です。

このヴィーナスは美の基準といわれ、体の至るところが黄金比で作られています。頭の先から臍までと臍から足先までが黄金比、肩峰間と左右の骨盤の間も黄金比です。

黄金比といえば、パルテノン神殿もパリの凱旋門も黄金比で作られています。(なお、葉書き、名刺、A4、B4などの西洋紙も全て黄金比でできています)。

ヨーロッパの芸術はこのような流れの中にあるのです。ギリシャ・ローマ時代より、「永遠不滅、普遍の美、不変なる真理」を追求樹立することを目的としてきています。西欧の合理主義もこの流れにあり、イタリアルネッサンスに引き継がれてきたといわれています。

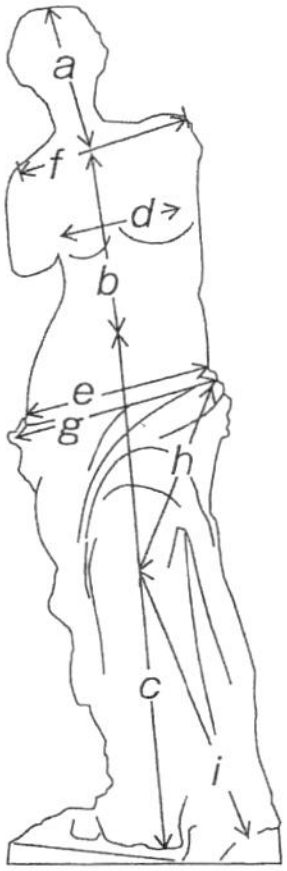

調和・均整のとれた美
造形の随所に数理的関係
(比例関係)→美の規範
$(\sqrt{5}-1):2=1.236:2=1:1.618=0.618:1$
$a:b=(a+b):c=d:e=f:g=h:i=5:8$
(黄金比)

日本ではどうでしょうか。日本の美術は水墨画や浮世絵、茶器に限らず、不均衡に見えたり、歪んで見えたり、欠けているようにも見えたりします。全体の統一性あるいは数量的でないまとまりというべきか、といわれるくらいに、曖昧さがあります。利休は目立たない調和のとれた美を求めたとされます。日本では風神雷神屏風にもそれをみることができます。

私は、曖昧さもあるが絶対的な美もあると考えています。有田焼はヨーロッパの美に負けない美しさがあります。

オリーブの木

↓アテナの贈り物、延髄オリーブ核

オリーブ油はオリーブの実から作られる油で、調理や光を灯したり、化粧用、医療用など幅広く利用されています。特に食用では、コレステロールを下げる作

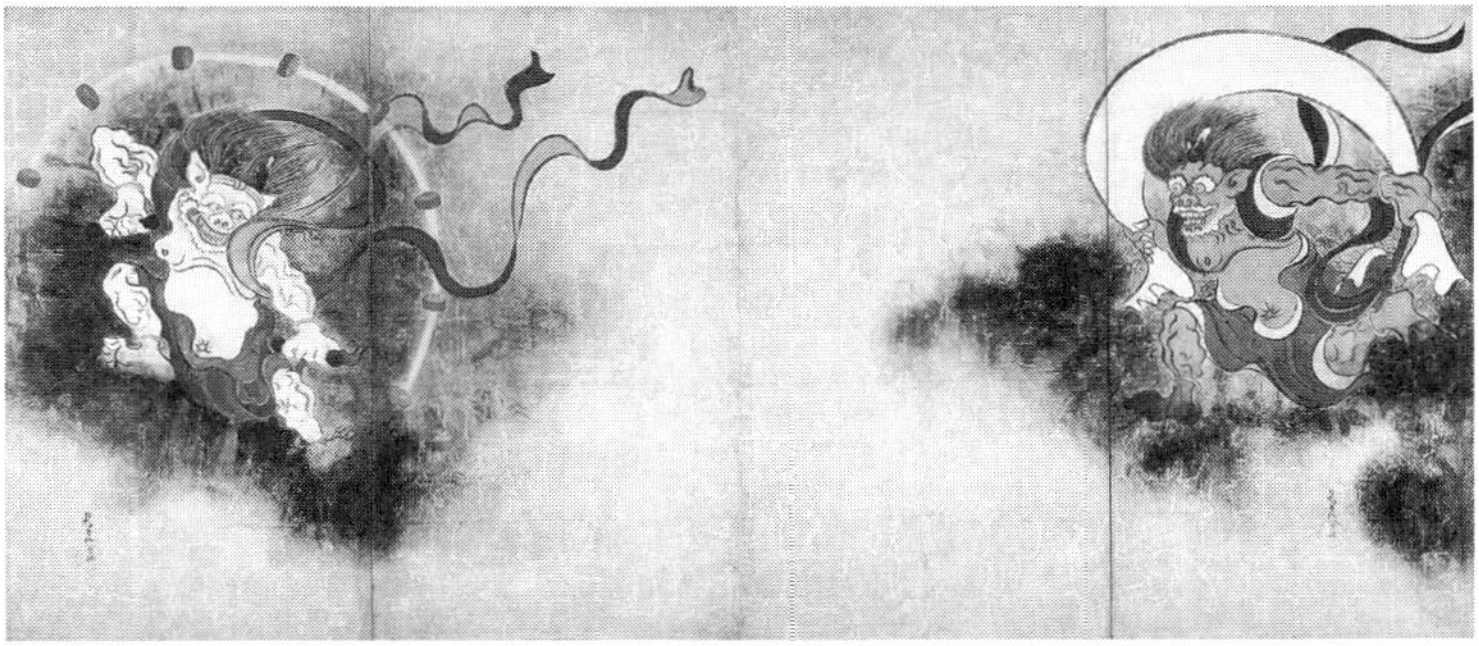

風神雷神図屏風

絵具を重ねてにじませる「たらしこみ」の手法などで、やまと絵に新風を吹き込んだ

（尾形光琳、1658-1716）

用による動脈硬化・心筋梗塞の予防や便秘解消などのさまざまな効能が期待されています。

オリーブ油はギリシャをはじめとして主に地中海沿岸で多く生産されています。この地域で脳梗塞や心筋梗塞などが少ないのは、オリーブ油によるといわれています。日本でも小豆島などで生産されています。

イタリアのサルデーニャ島（コルシカ島の南側）は四国ほどの面積ですが、この中にバルバギア地方があります。世界で最も長寿の地方として有名です。オリーブ油を主体にした粗食が一役を買っています。また全粒粉のパンに豆と野菜類、果物をよく摂取しています。

ギリシャ神話では、オリーブの木をアッテカ地方に導いたのは、女神アテナです。アテナはギリシャ神話に登場する十二神の中で最も優れた神といわれています。ゼウスが妊娠した知恵の神メティスを飲み込んだことにより、アテナは頭から兜を被ったままの姿で生まれました。知恵と戦争の女神であり、農業、航海術、機織りやさまざまな技芸もこなします。またあらゆる苦難、戦いにおいてもゼウスの力になりました。

アテナと海神ポセイドンはアッテカ地方に贈り物をして、優劣を競いました。アテ

有田焼

白い素地に描かれた赤、黄、青などの美しい絵柄は有田焼の代表的なもの

ナはオリーブの木、ポセイドンは塩水の泉でした。軍配はアテナにあがりました。このことでアテナはアッテカ地方の守護神となったのです。

アテナとアテネは名前が似ていますね。アテナにちなんでアッテカ地方の首都はアテネとなったのです。神話が関連しているとは驚きです。パルテノン神殿はアテナを祀るものです。

オリーブ油は、古代ギリシャでは、料理以外にも胃腸の働きを改善するために使っていました。また肌につけていました。

なお、オリーブの木はアテナ以前になかったかといえば、そうではありません。オリーブの木は人類が最も古くから栽培した植物で、本格的な栽培が始まったのは、今から約6000年前の古代パレスチナといわれています。

人体では、延髄にオリーブ核があります。

1685年にフランス・モンペリエ大学の

パラス・アテナ

知恵、芸術、工芸、戦略を司る神ゼウスが頼りにする

（フランツ・フォン・シュトゥック、1863-1923）

神経解剖学者、内科医であるビューサンの書籍に延髄オリーブという名が登場します。オリーブ核は皺のある巾着型をしています。それがオリーブの実に似ているので、こうした名が付いたのでしょうか。

解剖学的には、延髄の上に橋《きょう》があります。ここは生命の中枢ですが、この橋の方がオリーブの実によく似ています。オリーブの実に似ている橋の近くにあるので、オリーブ核と名付けたとも考えられます。

オリーブ核はオリーブ核小脳路といわれるように、小脳とは密接な関係にあります。オリーブ・橋・小脳萎縮症という変性疾患があります。中年以降に歩行障害で発症し、進行するにつれ、言語障害に加え、起立性低血圧、発汗障害、排尿障害などが現れてきます。

オリーブ核はこのように人体にとって、非常に重要な役割を担っています。

▒タルス（距骨）
↓雌牛の首を持った青銅の巨人タロス

タルス（距骨）は足関節を構成し、全体重を支える重要な骨で、踵《かかと》の骨の上にあります。それがギリシャ神話のタロスに由来しているのです。

タロスは人間の姿をしていますが、体は青銅ででき、兜と鎧を身につけた、敵なし、不死身の凄い巨人なのです。

ゼウスからクレタ島を守るように言いつけられ、島に外敵が入ってこないか監視しています。島に近づく舟があれば巨石を投げ、舟を破壊し、沈めてしまいます。上陸する者がいれば、自分自身を灼熱させ、抱きついて焼き殺したといいます。

こんなタロスですが弱点があります。１本の血管が頭から踵にかけてつながっており、踵に栓がはめられているのですが、この栓を抜けばただの青銅になるのです。

イアルコスの王子であったイアソンがアルゴー船でクレタ島に立ち寄ったときです。タロスが巨大な石を投げてきましたが、これを何とか回避します。船には魔女メディアが乗っていました。彼女がタロスに魔法をかけて眠らせ、その隙に踵の栓を抜いたのです。体中の血が流れ出し、単なる青銅の像に戻ってしまいました。あっけない幕切れです。

距骨や踵骨に流れる血管は、血液を抜かれただけでこ

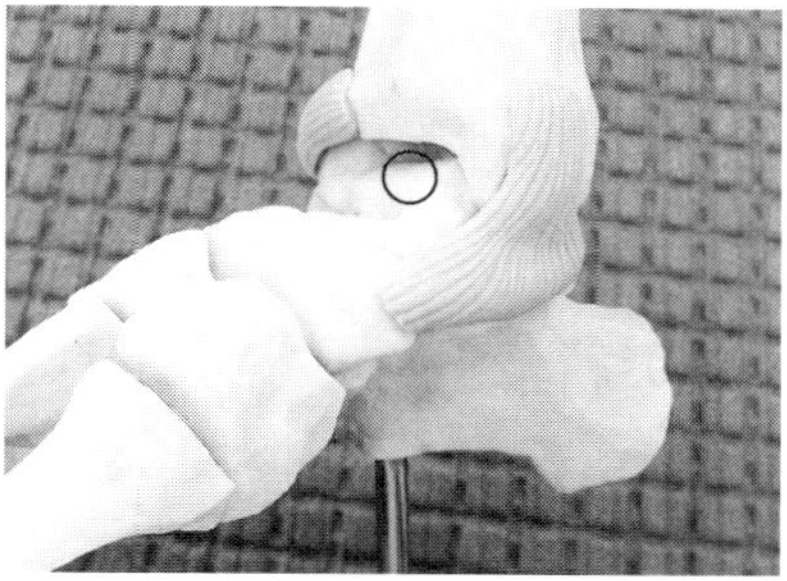

タルス（距骨）
足関節を構成

のように何もできない状態になることはありませんが、距骨はときに血流障害で骨の壊死が起こることがあります。その場合疼痛で歩行が難しくなります。

全体重を支えている距骨ですから、それだけの重要性を意味しているのかもしれません。

第2章 病名や症状に関連する言葉

女神の嫉妬と怒り、それによる悲劇

ギリシャ神話では、女神に歯向かったり、女神の嫉妬や怒りにふれた者には信じられない罰が下ります。ここでは女神に罰せられた妖精（ニンフ）や人間などの物語を紹介します。

▩エコー（やまびこ、こだま、医療機器）
↓オウム返ししかできなくされたエコー

エコーはこだまという意味です。エコーを効かせると歌は上手に聞こえます。山の頂で大声を上げると、少しして同じ言葉が返ってきます。早朝など静かなときはビルの谷間でもエコーが返ってくるのが分かります。

医療関係ではエコーがなければ、診断治療ができないくらい、重要な器械になっています。原理は超音波を被写体に放射、その反射波を検出して映像化し、状態を確認します。過去の世界大戦において、潜水艦の位置確認に使われたことは、よくご存知と思います。

私がエコーに出合ったのは、30代前半の時でした。肝臓や胆石がよく分かると紹介されていましたが、その時の新鮮な感覚は今でも残っています。現在では、肝臓がん、乳がんや心臓の動きなどを調べるのに威力を発揮しているほか、甲状腺や動脈硬化、胎児の状態も分かります。変形性関節症やリウマチ疾患で関節の状態もエコーで確認できます。手指の変形がレントゲンよりも正確に見えていたのには驚きました。

私の関連分野では、脳卒中や脳性麻痺で痙性が強くなり、手指や足が曲がってしまっている場合があります。この場合に筋肉にボトックスという薬を注射するのですが、血管や神経を避けて正確に筋肉に注射しなければなりません。その時にエコーを使っています。このようにエコーは日常診療のあらゆるところで使われています。

次に、エコーラリア（echolaria、オウム返し・反響言語）という言葉があります。人が言った言葉をそのまま発することを言います。これもエコーに由来する言葉です。

これは、病気の症状や通常の子どもの発達段階にも現れます。

病気の症状としては、脳卒中後のある種の失語症で、言葉の理解ができなく、オウム返しが多くなる場合があります。

また、このオウム返しは通常、1～2歳頃、言葉を獲得する時期によく見られ、まわりの人が言った言葉をそのまま上手にまねして言うことがよく見られます。お母さん方も、言葉や文章を教えようとして、同じ言葉を言わせたりもしますね。通常、言葉の発達とともに改善します。

なお、発達障害や自閉症の子どもにも現れる症状なので、注意して見守る必要があります。

さてギリシャ神話のエコーは、森のニンフ（妖精）です。ゼウスはギリシャ神話の最高神で全知全能の神ですが、とても浮気者です。次から次へと女性と仲よくなります。結ばれた女性は100％妊娠し、子どもが生まれます。神だからでしょうか。

ゼウスの妻・女神ヘラは当然怒ります。とても嫉妬深く、そのために災難にあった神や妖精は数知れません。

ヘラは夫ゼウスの浮気の場面を押さえようとしたのですが、エコーは機転を効かせ、言葉巧みにヘラに話しかけ時間を稼ごうとしました。しかしヘラは、その企みにすぐ気がつきました。ヘラの怒りは尋常ではありません。エコーはそのため自分から発する言葉を奪われて、他人の言葉を繰り返すことしかできなくなったのです。

その後エコーは、美男子ナルキッソスを深く愛するようになりました。しかしナルキッソスは、エコーを愛する気持ちにはなれません。拒み続けたのです。

エコーは一言でもナルキッソスに「愛している」と声をかけたいのですが、エコーにできるのは、相手の言葉を繰り返すことだけ。ナルキッソスがエコーに「愛している」と言わなければ、エコーも「愛している」と言葉を返せないのです。哀れなエコーは悲しみのあまり次第にやせ細り、遂には声だけになってしまいました。

それが現在まで生きているエコーなのです。

エコーに由来する言葉

・Echo…こだま、反響、反響音
・Echoic…こだまのような、反響性
・Echolocation…反響定位、電磁波反射法音波探知（コウモリやイルカの）
・Echo-sounder…音響測深器

ナルシシスト（自己愛）・ナルコーシス（昏睡）
↓自分しか愛せなくなったナルキッソス
エコーを拒否したナルキッソスはどうなったのでしょうか。復讐の女神ネメシスに呪いをかけられ、自分の姿のみにしか恋ができなくなったのです。ナルキッソスは池の水に映った自分の美しい姿にうっとりして、恋してしまうのです。かなわぬ恋、徐々に憔悴し、遂には死に絶えてしまいます。水に飛び込んだともいわれています。彼は、水辺の水仙になりました。

このことから、水仙をナルキッソス（Narcissus）と呼びます。麻酔、昏睡はナルコーシス（Narcosis）です。いい気持ちでうっとりしてしまうからでしょうか。自惚れる人をナルシシスト（自己陶酔者 Narcissist）といいます。自分だけが素晴らしいと思いこむ、はたから見ていていい気分にはなれません。

１９８３年アメリカの心理学者、ダン・カイリー博士が提唱したピーターパン症候群は、男性に起こるもので言動が子どもっぽく、人間的に未熟で、現実から逃避しナルシシズムに走る傾向があるといわれています。私の経験では、男性だけでなく女性にもそのようなタイプは見られます。

水仙の花言葉は、うぬぼれ、自己愛です。なお、水仙

エコーとナルキッソス

ナルキッソスはエコーに見向きをせずに池に浮かぶ自分の顔を見惚れている

（ジョン・ウィリアム・ウォーターハウス、1849-1917）

はいい香りがしますが、毒性が強いので決して口にしてはいけません。

ナルキッソスに由来する言葉

- Narcissism…自己愛、自己陶酔
- Narcotic…麻酔薬、麻薬
- Narcotism…麻薬性昏睡、麻薬中毒
- Narcotize…麻酔をかける

狂犬病（リッサ）↓狂気の神リュッサ

女神ヘラはリュッサ（Lyssa）に命じて、多くの人を錯乱させました。リュッサは狂気（乱）の神です。人を狂わせてしまうのです。狂犬病もその症状に似ているので、Lyssaという名がつけられたのです。

人間が犬類に咬まれて感染すると、初期には風邪に似た症状に加え、咬傷部にかゆみや熱感などが見られます。その後、不安、恐水（水を欲する）症状、興性、痙攣、精神錯乱などの神経症状があらわれ、最後は、呼吸障害により死亡してしまいます。水を飲むとき、または水を見ただけで呼吸筋、嚥下筋の痙攣が起こり、発熱や嘔吐、神経障害などの症状を誘発するので、恐水病（hydrophobia）ともいわれています。

水（hydro）と恐怖（phobia）との合成語です。

なお、恐怖（phobia）もギリシャ語のPhobos（戦闘の神アレスの子分）からきています。

恐水病の日本での発生は１９５６年が最後です。しかし、世界では年間５万５０００人も死亡しています。外国旅行中に犬に噛まれ、帰国してから発症する場合もありますので、注意が必要です。生命維持がなされても、意識がなく寝たきり状態になります。

症状の凄まじさ、また一度感染すると死亡率が高いことから、ギリシャ神話の狂気の神の名がつけられた病名ですが、ワクチンによって予防が可能と

コラム

ルイ・パスツール（Louis Pasteur＝1822年12月27日〜1895年9月28日）フランス・ドール生まれの生化学者、細菌学者。ロベルト・コッホとならんで「近代細菌学の開祖」と称される。ワインなどの低温殺菌法（パストゥリゼーション）の手法を開発、また狂犬病ワクチン、ニワトリコレラワクチンを発明した。

狂犬病の予防はパスツールによって完成された。そのウイルスが脳脊髄で発育することを確かめ、ウイルスの弱毒化に成功している。

「科学には国境はないが、科学者には

なりました。この予防法を発明したのは、近代細菌学の開祖といわれているルイ・パスツールです。

狂気（乱）の神リュッサは他にどのようなことをしたのでしょうか。

テーバイの建設者カドモス（ハルモニアの夫、ハルモニアはハーモニーの語源）の4人の娘に悲劇が待っていました。その1人がセメレです。ゼウスの寵愛を受け子を授かりますが、ゼウスの妻ヘラはこれが許せません。セメレの乳母の姿に化け「神様の姿で来てくださいと、ゼウスに言いなさい」と伝えます。セメレがその通りにすると、雷鳴とともに現れたゼウスのもとで雷に打たれて亡くなります。神と人間の共存はできないのです（今までの物語で共存している例はあるのですが）。

セメレには6ヶ月の胎児がいました。ゼウスはその子を自分の股に縫い込みます。

祖国がある」という言葉でも知られる。これは晩年の講演のときの言葉で、会場に素晴らしい感動を引き起こしたという。

近代細菌学の開祖ルイ・パスツール

そして生まれた子をセメレの妹イノに預けました。これが後のディオニュソスです。またの名をバッコス、酒と豊穣の神です。

イノはこの子をかわいがって育てます。そのことで怒ったヘラは狂気（乱）の神リュッサを送って、イノと夫アタマスの頭を狂わせてしまいます。錯乱したアタマスは、我が子アルコスを鹿と間違えて射殺してしまいます。そしてイノにもう1人の子メリケルテスを煮え立つ釜の中に投げ込み、死体を抱いて海に身を投げたのです。

そのほか、ヘラはゼウスとアルクメネの子（ヘラクレス）の出産を遅らせるとか、ゆりかごに毒蛇を送り込み、生まれて間もないヘラクレスを殺そうとしましたが、ヘラクレスはその蛇を捕まえて殺してしまいます。

ヘラクレスは怪力無双の若者に成長します。そしてテーベの王女メガラを妻にします。ヘラはリュッサに命じて、ヘラクレスの頭を狂わせ、妻と2人の息子を殺させてしまいます。

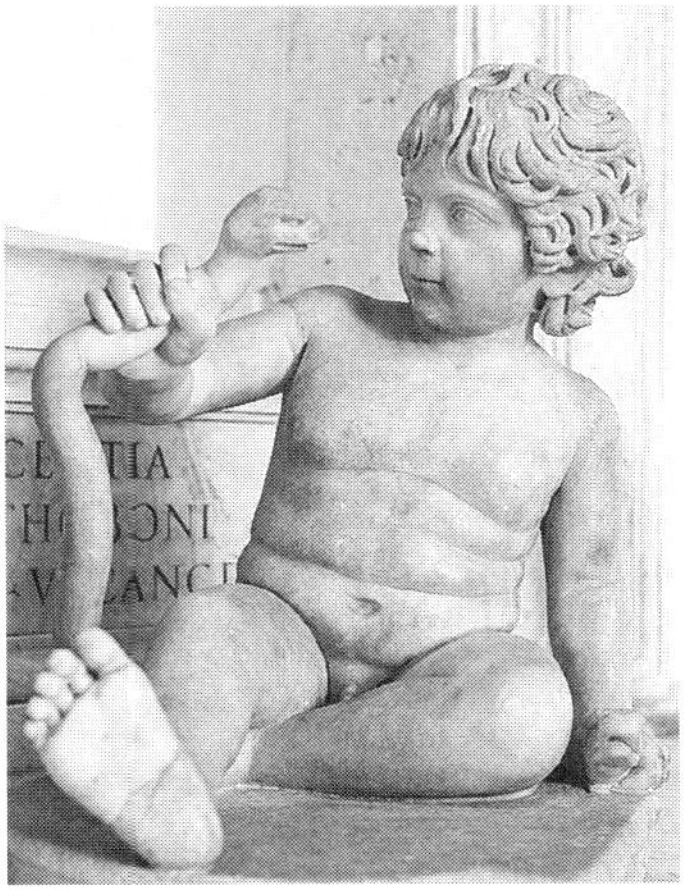

ヘラクレスの誕生直後にヘラにより忍ばされた毒蛇を鷲づかみにするヘラクレス

ワクチンがない時代、この致命的な病気は、狂気（乱）の神リュッサそのものを思わしめたのですね。なおここから「ヘラクレスの12の難行」が始ります。現在、不可能と思われることに挑戦する時「ヘラクレスの難行」という言葉を使います。

アラキノイド（くも膜）→くもにされたアラクネ

頭蓋骨の下で脳を守っている膜は、三層からなっています。一番外側が硬膜で、つぎがくも膜、その次が軟膜です。くも膜と軟膜の間には小柱という繊維の束が無数にあり、くも膜と軟膜をつないでいます。これがいかにも、くも（蜘蛛）の巣に似ているのでくも膜と呼んでいるのです。

脳動脈瘤の破裂はこのくも膜下（subarachnoid）で起こるので、くも膜下出血（subarachnoidhemorrhage）といわれます。項部の硬直、激しい頭痛、嘔気、嘔吐ではじまることが多く、頭痛はこれまでに経験したことのない激しい痛みが特徴です。すぐにでも脳外科を受診しなければなりません。手術は開頭して動脈瘤をクリップします。このくも膜も、ギリシャ神話と関係があるのです。

アラクネは小アジア（現在のトルコ）に住む誰にも負けない機織

ダンテの神曲に登場するアラーニェ（アラクネ）

上半身が人間、そのほかは蜘蛛になっている

（ギュスターヴ・ドレ、1832-1883、フランス）

りの名人でした。女神アテナも機織りの名人です。アテナは軍神であり、知恵の神であり、処女神でもあります。アラクネは「機織りにかけてはアテナには負けない」豪語していましたが、これは神への冒涜です。アテナは老婆に変装し、アラクネに「女神とだけは張り合ってはいけない」と諭しましたが、アラクネは「女神なんかは怖くありません。私と腕試しをしたらいいでしょう」と説得を聞き入れず、変装を解いたアテナと機織りの勝負となったのです。

アラクネは神々の落ち度、だらしなさ、特にゼウスのみだらで、好き勝手と思われる行いを織ったのです。織物は欠点のない見事な出来栄えでしたが、アテナの怒りを買い、引き裂かれてしまいます。アラクネは悲しみのあまり首をくってしまいます。アテナはそのアラクネをも許さず蜘蛛にしたといわれています。

くも膜には縦横無尽に繊維が走っています。それはいかにも蜘蛛の巣に似ていたのでしょう。

優れた女性たちの悲しい物語が、それが医学用語に使われているのに胸が痛くなる思い

機織りのアラクネ
（ディエゴ・ベラスケス、1599-1660）

です。

メズサの冠（頭）
↓醜い顔と頭の髪を蛇にされたメドゥーサ

医学用語で「メドゥーサ（メズサ）の冠」という言葉があります。

肝臓の障害で、血液が肝臓を通過して肺に行けなくなったときに、回り道して胸や腹壁の静脈を伝わって肺に向かいます。道路工事で道路を通過できなくなったときに迂回して目的地に行くのと似ています。そのときに、おへそを中心として放射状に皮下の静脈が怒張します。また、前胸部や首、肩、腕などに赤く隆起した血管の網状の斑点が見られるようになります。これは皮下の静脈はとても細いから、ふくれあがるのです。この怒張した静脈が、ギリシャ神話に出てくる「メドゥーサの冠（頭）＝Caput Medusae」に似ているので、「メドゥーサの冠（頭）」とそのまま

メドゥーサの頭部（ルーベンス、1577-1640）

名付けられたのです。別名「くも状血管腫」ともいいます。

メドゥーサは、とても、美しい女性で、自分の綺麗な髪を自慢していました。メドゥーサは、海神ポセイドンに気に入られていました。そして、女神アテナの神殿で契りを交わしたのです。神殿は聖なる場所です。それも自分の神殿での行為です。アテナは当然怒ります。このことはポセイドンの妻アンピトリテにも知れてしまいました。アテナともアンピトリテとも言われていますが、メドゥーサの自慢の髪を蛇にしてしまい、顔も醜くなり、メドゥーサを見たものは石になるという怪物にしてしまったのです。これに抗議したメドゥーサの姉二人とも、怪物に変えられてしまったといわれています。

その後、メドゥーサは英雄ペルセウスに退治されるのです。この顔を見た者は石になります。様々な経緯のなかでペルセウスはメドゥーサの顔を見ないようにしながら剣でメデユーサの首を取ることに成功したのです。このとき首を切られたメドゥーサの体から血しぶきとともに（海に落ちた血しぶきからともいわれる）翼のある馬ペーガソスとクリューサーオール（神話に登場するました人あるいは怪物）が飛び出したといいます。

帰り際、ペルセウスはアトラスにメドゥーサの顔を見せて石にして天空を支える辛さから解放しています。

▨瞑想（muse）、音楽（music）→ピタゴラスとひらめきの神ムーサたち

ピタゴラスは紀元前582〜紀元前496年の間に生存していたといわれる偉大な数学者です。彼が三平方の定理を発見した時のことです。「自分がこの定理を発見できたのは、決して自分1人の力によるものではない。いつも自分を守ってくださるミューズの神様のおかげである」と言って、牛100頭を供え、神様に心からお礼を述べたという伝説が残っているのです。

そのミューズの神様とは、ひらめきを与えてくれる神様であり、音楽の神様でもあります。私たちもピタゴラスの謙虚さに学びたいものです。仕事でも研究でもうまくいったとき、自分が優れているからだとか、頭が良いからだとか思わないで、感謝する気持ちです。

今までの業績も自分1人の力でできたものではないのです。たとえば、親、兄弟姉妹で学問する条件を与

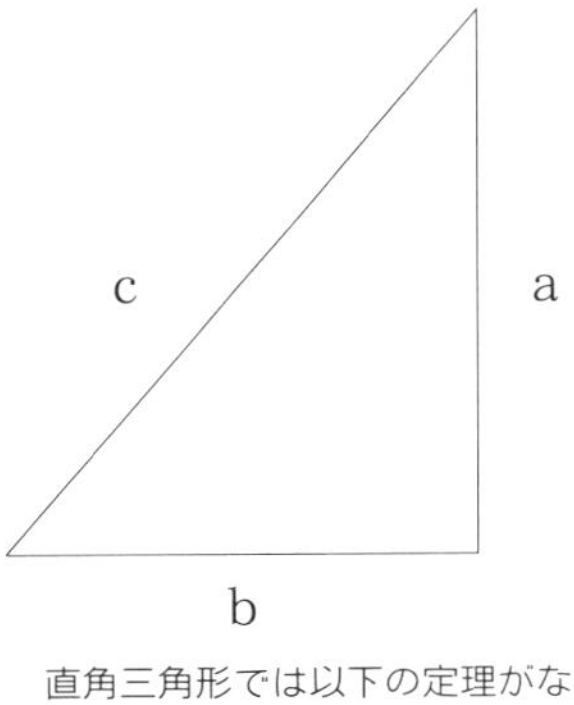

直角三角形では以下の定理がなりたつ

$$a^2+b^2=c^2$$

えてくれた人、お膳立てしてくれた人、先輩や同僚とか、周りの人がいます。私事で考えてみると、私を引き立ててくれた人、難しい仕事を私の能力に合わせて与えてくれた人、同僚の励まし、そして私がここまでになるまでに力を貸してくれた両親、兄弟姉妹とか、たくさんいます。

プロ野球でも、勝利投手になった投手、またチャンスに打った打者、誰もが若いにもかかわらず「みなさんの応援で勝つことができました。これからも応援よろしくお願いします」と言っているのを聞くと、いつも感心します。

さてミューズの神ですが、ギリシャ語でムーサといいます。９人いて全て女神です。ゼウスと記憶の神ムネモシュネとの子どもです。９日間連続して交わったので連続して９人生まれたのです。凄いですね。

彼女たちは、音楽の神アポロンの侍女で、歌を司り、

ムーサ９姉妹と古き三柱のムーサたち
（ピエール・ピュヴィス・ド・シャヴァンヌ、1884-1889）

記憶を助ける芸術の女神たちです。ひらめき、瞑想(muse)、音楽(music)の神ともいわれています。

頻繁に宴を開いていました。一見、華やかですが、彼女たちも怖い神様です。

人間の詩人タミリュスやピエリスたち9人姉妹は歌が得意であることで、ムーサに勝負を挑みました。でも当然ムーサたちにはかないません。神の罰を受け、タミュリスは視力と楽才を奪われ、死後タルタロス(冥界の最深部)に放り込まれました。またピエリスたちはかしましい鳥カササギに姿を変えられてしまいました。

カササギ

ミューズに関連する言葉

・muse…瞑想
・music…音楽
・museum…博物館、記念館
・amusement…娯楽、楽しみ

ミューズの神

・カリオペ（calliope）…美声
・クレイオ（kleio）…讃美する女
・ウラニア（ourania）…天上の女
・メルポメネ（melpomene）…女性歌手
・タレイア（thaleia）…豊かさ
・エラト（erato）…愛らしい女
・エウテルペ（euterpe）…喜ばしい女
・ポリュムニア（polymnia）…多くの讃歌
・テルプシコラ（terpsichora）…踊りの楽しみ

ダイ（ディ）アナコンプレックス
↓処女神アルテミスに鹿にされたアクタイオン

ダイアナはローマ神話に登場する女神で、ギリシャ神話ではアルテミスにあたります。アポロンの双子の妹です（姉という説もある）。

生涯処女をつらぬきました。美しく気位が高く、残酷な面と恵み深い面とを持っていました。狩猟の神で黄金の弓矢で山野を駆けめぐります。月の神でもあります。

ダイアナコンプレックスはアルテミスコンプレックスといってもよいでしょう。男性でありたいという女性の抑圧された心理とされています。男性には負けたくない、対等でありたいという女性心理ということでしょうか。

しっかりした女性なら、ことさらそのようなことを考えずにごく普通に生きていくものです。

ではアルテミスはどのようなことをしたのでしょうか。

彼女の裸を見てはいけないのです。見た者には世にも恐ろしい罰が下ります。アルテミスは狩を終えると清らかな川や泉で水浴をするのが常でした。その時偶然にも

ディァナの水浴
（フランソワ・ブーシェ、1703-1770）
ルーブル美術館所蔵

近くを通りかかり、それを見てしまった者がいます。

その1人、シプロイテスという若者は女に変えられてしまいました。

もう1人は、狩人アクタイオンです。彼は立派な青年で何の罪もありません。泉の水を浴びせられて、雄鹿に変身させられてしまいました。さらに悪いことに、狩猟のために彼自身の連れていた50匹の猟犬にズタズタに噛み裂かれて生命を落とします。

これらは、処女性に固執する病的な潔癖さと残忍さ示すものともいわれます。

そのほかに母親レトを侮辱されたということで、アポロンとともにニオベの息子と娘を殺しています。

アポロンの怒り

シヒリス（梅毒）↓羊飼いの青年シヒルス

シヒリス（梅毒）はコロンブスが西インド諸島を発見してから、世界的に流行したことで知られています。一般にこの言葉は、その時代から使われ始めたと考えられていますが、そうではありません。

梅毒は、おもに性交渉によって起こります。粘膜から全身に徐々に症状が及んでいく感染症です。感染は梅毒スピロヘーター（トレポネーマ・パリズム）によるものです。野口英世が１９１３年に麻痺性認知症患者の脳内からスピロヘータを発見し、いわゆる脳梅毒がスピロヘータによるものであることを証明し、不滅の業績を残したことはよく知られています。

梅毒の経過は、通常3期に分けられます。

第1期は感染から3ヶ月くらいの間で、侵入局所に初期硬結を生じ、潰瘍化します。

第2期は感染後3年以内で、皮膚、粘膜に生じる発疹や脱毛があります。

第3期は3年以上経過したもので、皮膚、粘膜以外に、内臓、中枢神経など全身に障害が及びます。よく鼻がかけたとか、おかしなことを言うようになったとか、重度の関節症であるにもかかわらず関節に痛みが感じられないなどの症状が現れます。

さて、シヒリスという言葉ですが、コロンブスより前、ギリシャ神話の中にあるのです。

シヒルスという若い羊飼いの青年が、太陽神アポロンから罰を受けました。アポロ

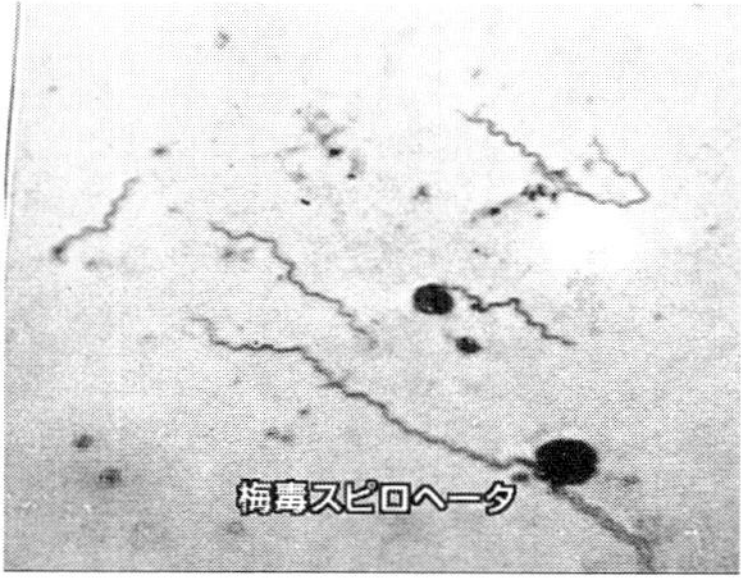

梅毒スピロヘータ
（内閣府ホームページより）

ンの祭壇を奪って自分の仕える羊飼いの神に捧げたためとか、太陽神を冒涜したためなどといわれます。その罰として醜い潰瘍を身体に植えつけられたのです。

後にアポロンは青年を許し、その病気を治すために努力しています。アポロンは許してくれたのに、後世自分の名がこんな病名に使われるとは、シヒルス本人も思いもよらないことだったでしょう。

梅毒は、コロンブスが１４９３年スペインに戻って以降、ヨーロッパで爆発的に広がりました。西インド諸島の風土病だったようです。日本にもそれから20年ほどで伝わってきました。

この病気は、それぞれの国で独特の呼び方をしています。

スペイン人はエスパニョーラ病（カリブ海）、イタリア人はフランス病、フランス人はナポリ病、イギリス人はフランス病、ロシア人はポーランド病とかフランス病、インド人と日本人はポルトガル病、日本人はさらに唐瘡とか広東瘡、さらに長崎瘡とか肥後病などと呼んでいます。

野口英世肖像
野口英世記念館発行絵葉書

肥後では豊臣秀吉の時代、朝鮮出兵の兵士が停留していたために相当蔓延したということです。

それにしても、誰もが自分の国や地域のせいにしたくないのですね。

しかしこれをみると、梅毒の伝わり方がある程度分かります。また凄い蔓延の仕方です。まさにパンデミックです。

「女の一生」を書いた小説家のモーパッサン、「悪の華」のボードレールや哲学者のニーチェは、梅毒の中枢神経症状を呈して亡くなっています。シカゴのギャングの帝王アル・カポネは肺炎で亡くなりましたが、梅毒が中枢に及んだ症状を現していました。日本でも江戸時代に多くの患者が梅毒で医師を訪れていたといいます。

現在、症状の重い梅毒は少なくなっているといわれています。抗生物質がさまざまな治療で使われ、知らずに梅毒の治療をしていることになり、その影響もあるようです。また、一般に細菌もウイルスも長い年月の間に感染力が弱まる傾向にあります。それも一因かもしれません。細菌やウイルスも人間を殺してしまえば、生きていくことができませんから。

ただ最近の調査で梅毒が増えてきています。気をつけなければいけません。

他の病名

▒タイフーン（台風）・チフス（病気）
↓テュホーン（ギリシャ神話最大の怪物）

タイフーン（台風＝Typhoon）という言葉はテュポエウス（Typhoeus）、テュポン（Typhon）と似ています。タイフーンの語源といわれています。

ティタン神族はゼウス率いる十二神族との戦いに敗れました。そこで大地の女神ガイア（ガイアの夜明けのガイア）が復讐のために奈落の底の神タルタロスと間にテュポエウス（テュポン）という怪物を生み出します。テュポエウスはギリシャ神話に出てくる最大の怪物です。

頭が100あり、ライオンのように凄まじく吠え、目から炎を吹き出し、下半身はヘビです。テュポエウスの通った後は、木々は折れ、大地はえぐられ、すべてが吹き飛ばされるか燃やし尽くされ、生きるものの影が失われてしまうほどでした。

その吐く息は台風（Typhoon）となり、またチフス（Typhus）となって人を苦しめるといいます。なお台風は彼の大地を大きく荒らすことからともいわれます。どちらにしても凄いことを表現しています。

ゼウスたちは、テュポエウスが攻めてきたとき、恐怖におののいてエジプトまで逃げ、動物に変身せざるを得ませんでした。ただゼウスだけが、電光を武器にテュポエウスと戦いましたが、手足の腱を切られて洞窟に閉じこめられる始末でした。しかし、ヘルメス（神々の伝令使、とりわけゼウスの使いであり、旅人、商人などの守護神。幸運と富を司り、狡知に富み詐術に長けた計略の神）とパン（牧神、牧羊神、半獣神）のおかげで助け出され、遂には打ち負かし、最後には山（エトナ山）で押しつぶしたのです。この戦いで、ゼウスの最大の力になったのが軍神アテナでした。

チフスに関しては、この名称はもともと古代ヨーロッパで流行していた発疹チフスに対して使われました。発症時に高熱により、昏睡状態になることがあります。これをヒポクラテスが「ぼんやりした、煙がかかった」を意味するギリシャ語であるtyphusを使ったことに由来するとされています。この発疹チフスは現在の腸チフス、パラチフスとは全く別な疾患です。

▒ 奇形　キクロプス症→キュクロープス

神話には単眼の巨人が出てきます。

単眼症は顔の中央に目が1個ある奇形をいいます。鼻の位置や形も異常なものや形をなさないものもあります。非常にまれでほとんど目にすることはありません。胎生期の脳が左右に分離しないために起こります。長期間生存することは難しく、遺伝病ともビタミンAの欠乏で生じやすいともいわれています。

ギリシャ神話に出てくるキュクロープスと呼ばれる3人の単眼の巨人たちは、大地ガイアと息子の天空ウラノス（ウラニウムの語源）との間に生まれます。キュクロープスは、ブロンテス（雷鳴の神）、ステロペス（電光の神）、アルゲス（閃光の神）の3人ですが、ウラノスにより、タルタロス（冥界の最深部）に幽閉されてしまいます。

その後、この巨人たちはゼウスとティタン神族との戦いの時に解放されゼウスに協力します。

次の話は、トロイア戦争後の英雄オデュセウス（トロイの木馬を考えた英雄）たちが出会う1つ眼の巨人ポリュペモスです。

オデュセウスたちは、苦難の漂流生活を余儀なくされました。そして単眼の巨人たちの島の洞窟で一休みします。そこに洞窟

キュクロープス
（オディロン・ルドン、1840-1916）
クレラー・ミュラー美術館所蔵
（オランダ・オッテルロー）

の主であるポリュペモスが戻ってきます。2人の部下が食べられ、さらに2人が食べられてしまいます。

オデュセウスはポリュペモスにアルコール度の高い葡萄酒を飲ませ、泥酔させます。ポリュペモスが寝ている間に仲間とともに、尖らせたオリーブの木の先端を火で焼き、それを1つしかないポリュペモスの目に突き刺し、刳りました。こうして無事脱出して、オデュセウスたちは再び航海に出るのです。しかし彼らには、また苦難の航海が待っていました。このストーリーは映画にもなっています。

単眼の巨人の物語があるということは、これが書かれた時代にこのような奇形があったことを意味します。ギリシャ神話に出てくる神々は近親結婚により生まれたものたちです。そこでこのような奇形が生まれてくるのを目にしていたと思われます。見た目に怖いものであり、物語のように強調されたのではないかと考えられます。

日本でも、ひとつ目小僧とかひとつ目の妖怪などがなじみ深いです。関東、東北では旧暦の2月8日と12月8日に訪ねてくるといわれています。

ハルモニアの子供、孫の運命ー悲劇の連鎖

音楽ではハーモニーはとても大事です。和音で調和が乱れれば、とても耳障りな音に聞こえてしまいます。特にクラシック音楽はハーモニーを重視します。

よく手術をしている時に落ち着いた音楽を聴きながら行うと、心が落ち着き、よい結果が生まれるともいわれます。

精神的に落ち込んでいるときに、静かな音楽から少しずつリズミカルでテンポの速い音楽に導いていくと気分が高まってきます。逆に興奮気味の時に少しずつ落ち着いた音楽に変えていくと気分が安定してきます。急に上げたり下げたりしても効果はありません。

これらの音楽にはどちらにしてもハーモニーを効かせています。

ハルモニアはアフロディテ（美の女神）とアレス（凶暴な軍神）の子です。アフロディテはヘパイストスの妻なので、いわゆる不倫の子なのです。彼女自身は何も悪いことをしないのに、彼女と彼女の家族には悲しい不幸な出来事が子々孫々にまで待っていました。

テーバイの国を築いたカドモスは立派な君主となりましたそれを見て、アフロディ

テは、娘のハルモニアを王妃として彼に与えたのです。

しかし、カドモスとハルモニアの一家には不幸が待っていました。娘のセメレ、イノ、孫のアクタイオン、ペンテウスと、皆、不幸な死に方をしたのです。

セメレはゼウスの子を身ごもりますが、ヘラの奸計で亡くなります。その時の胎児が後のディオニュソスです。それを育てた、妹イノは、リュッサにより夫アタマスとともに頭を狂わされ、我が子アルコス、メリケルテスを殺してしまいます。

カドモスとハルモニアの娘、アガウエ（イノの妹）はディオニュソスの宗教により狂乱の信徒と化し、我を忘れてテーバイの王となった息子ペンテウスを獣と間違え八つ裂きにしてしまいます。

末娘アウトノエの息子アクタイオンはアルテミスの裸身を偶然見てしまい、そのために鹿に変えさせられ、自分のつれてきた犬に食い殺されます。

このような不幸に見舞われたのは、カドモスが建国の際に殺した大蛇がアレス（凶暴な軍神）の蛇で、その怒りを買ったからだといわれます（しかしハルモニアの父親

アルテミスと鹿に姿を変えられたアクタイオン（左側の鹿）

（ルーカス・クラナッハ、1472-1553）

はアレスなのです)。

他の説では、カドモスとハルモニアの結婚にこころよく思っていなかったアテナが長衣を贈って災いをなすようにし、ヘパイストスが呪いの首飾りを贈ったからだといわれています。ハルモニアはヘパイストスの妻(アフロディテ)が浮気して生まれた子で、それを許せなかったのです。

カドモスは「もし1匹の蛇がこれほどまで神々にとって大事なものなら、私も蛇になりたい」と叫び、蛇に変身しました。ハルモニアはそれを見ると、自分の姿も一緒に変えてくださいと、神に祈り、ハルモニアも蛇になりました。

この時には、カドモスは王位を退いた後に、穏やかな生活を望んで人に害を与えない大蛇に変身し、後に大蛇になったハルモニアと一緒にエリュシオンの野(楽園、理想郷)にくだったということになっています。

ハルモニア

ハルモニアの体に巻き付いているのが夫のカドモス

この後、ハルモニアも蛇になる

(イーヴリン・ド・モーガン、1855-1919、イギリス)

コラム

不倫という言葉は昔からありました。しかし現在のような悪い言葉でなかったのです。江戸時代は判断が不適切、間違っているという意味で使われていました。昭和初期でも正しい判断ではないというような意味でした。

それが現在では、夫や妻がいるのにもかかわらず、それ以外の男性や女性と関わりを持つことになっています。言葉も時代とともにその意味が変わってくるものなのですね。

第3章 心理学用語

エロスのいたずら、アポロンと月桂樹

エロス（Eros）というときついイメージがありますが、一言でいうと愛の神です。世界の始まりからいたとも、女神アフロディテの子であるとも言われています。ほっそりとした翼のある、弓矢を持った少年です。絵画ではキューピッドとして、いつもアフロディテの周りにいて、従者でもあります。

愛の矢を持っているのはよく知られていますが、それだけではありません。もう1つ、相手を嫌悪してしまう鉛の矢も持っています。金の矢で射られると最初に出会った人に恋をし、鉛の矢で射られると最初に出会った人を全く好きになれず、拒否してしまうのです。

この矢に関するアポロンとダフネの物語があります。

ダフネは女神アルテミス（アポロンの双子の妹）に随行するニンフ（妖精）でした。

アポロンはエロスをからかって遊んでいました。エロスは子どもの姿をしていても、

アポロンよりかなり年上です。からかわれたのに腹をたて、金の矢をアポロンめがけて撃ち、鉛の矢をダフネに撃ったのです。それぞれの矢が胸に刺さった2人が出会ったのです。

どうしようもありません、悲劇が待っていました。アポロンは激しくダフネに恋をし、ダフネを求めます。鉛の矢の刺さったダフネはアポロンを拒否します。アポロンは逃げ回るダフネを追い求め、ダフネは逃げ回ります。逃げ続けたダフネは父ペネイオスのいる河に来ます。するとペネイオスはダフネを月桂樹に変えたのです。

その後、アポロンは愛の記念に月桂樹の葉で冠を作ったのです。中世絵画ではアポロンはたいてい月桂樹の冠を被っています。

マラソンの優勝者は月桂樹の冠をかぶりますが、その背景にはこんな物語があったのです。

エロス（生命、愛の力）とサイコロジー（心理学）

↓エロス（Eros）とプシュケ（Psyche）

エロスとプシュケ（Psyche）の関係は、エロスが誤って恋の矢で自分を傷つけてしまったのが始まりでした。

プシュケは3人姉妹の末にあたります。絶世の美女でした。そのためかえって結婚の申し出がなかったのです。これは彼女の美しさを嫉妬したアフロディテの仕業といわれています。美しい女性はまた美しい女性に嫉妬する、あのアフロディテもそのようなことをするのですね。

アフロディテは息子のエロスに、恋の矢をプシュケに向けて射つよう言いました。身分不相応の者に恋をさせようとしたのです。

しかし悪いことはそううまくいきません。エロスは誤って自分自身を矢で傷つけてしまったのです。金の矢、相手を恋する矢です。結果は明々白々、エロスはプシュケに恋をしてしまったのです。

エロスは神なので正体を明かすことはできません。正体を隠してプシュケを自らの館で生活させました。プシュケは、それでも幸せに暮らしていました。しかし相手の正体を知らないまま生活することは難しいことです。プシュケはエロスが眠っている間にこっそりその寝顔を覗いてしまいます。人間が神の顔を見ることは許されないのです。

キューピッドとプシュケ
顔を見せられないCupid（エロス）が、プシュケが寝ている間に去って行くところ（フランソア・エドアード・ピコット、1786-1868）

エロスは彼女のもとを去らざるを得なくなりました。

プシュケは後悔しました。顔を見ていないとはいえ、深い愛を築いた2人、プシュケには忘れられない人になっていました。プシュケはエロスを求めて世界をさまよい歩き続け、遂にエロスの母親であるアフロディテのもとに辿り着いたのです。

嫉妬していた母親アフロディテですから、スムーズにことは運びません。プシュケにさまざまな無理難題を出しました。彼女は愛のために冥界を渡ってくる試練にも耐え、乗り越えてきました。そして、ついにアフロディテの許可をえてエロスと会うことができたのです。エロスはゼウスの許可を得て、プシュケに神の食べ物で不死になるというアンブロシア（神酒ともいう）を与え、神の仲間入りをさせたということです。ハッピーエンドです。

そして、愛のために冥界を渡る試練に耐えてきたプシュケ（Psychoe）から「心」や「魂」それを表わす言葉としてPsychoが出てきました。Psychology（心理学）という言葉にも、力を落とさないで、元に戻るように、元気になるようという期待が込められているのかもしれません。

この物語を見る限り、エロスにいかがわしさは感じられません。ギリシャ神話の中で現代でいうエロチックなのは神々の王ゼウスです。エロチックならぬ、むしろゼウスチックという言葉が妥当じゃないかと思われます。しかし、それだと響きがよくありません。また露骨すぎて、エロスから受ける愛らしさ、好奇心なども感じられません。時代とともに、この言葉「エロス」に定着したのでしょうか。

エロスに関連する言葉

- Eros…生命、愛の力
- Erogenous zone…性感帯
- Erotic…色情的
- Erotic delusion…色情妄想
- Erotic erection…色情勃起
- Eroticism…色情症、好色、性欲、異常性欲
- Erotomania…色情狂
- Erotophobia…色情恐怖症
- Erotopsychic（pathic）…色情精神病
- Erotogenic…色情発生帯
- Erotographomania…ラブレター狂
- Erotology…性愛学

・Erotosexual…性愛の

▩サイレン（警報、警笛）↓歌声で引き寄せる海の怪物セイレン

サイレンは警報、警笛といわれますが、医療では多くの分野で使われています。まず救急車です。「ピーポー、ピーポー」と鳴ると、誰かが大けがをしたとか、命にかかわる病気をしたのだろうかとか、何事もなければよいがと思う人も少なくないでしょう。また、患者さんの生命徴候に異常があると警報が鳴る仕組みの医療機器はたくさんあります。

そのほか消防車やパトカー、戦時中の空襲警報など、異常事態や緊急事態を知らせるためにも鳴らされます。

セイレンはギリシャ神話に出てくる海の怪物で、上半身は美しい女性で、下半身は鳥の姿とも魚ともいわれています。

セイレンたち（複数形はセイレネスですが、ここではセイレンたちとします）が住んでいるのは、地中海のシチリア島の近くにあるプランクタイの周辺の小島とされています。

彼女たちは、とても美しい歌声や音楽で船乗りを魅了します。この歌を聞いた船乗

りは完全に心を奪われ、彼女たちのもとへ吸い寄せられていきます。しかし狭い岩場の海域を通るので、途中で船が座礁したり岩場に引き込まれて難破したりするのです。

セイレンたちのもとに辿り着く船乗りもいますが、たとえ着くことができても、我を忘れて歌や音楽を聞き続けますから、いずれ消耗して死んでしまいます。彼女たちの島には、大量の白骨が散乱しているのです。ほとんどの船乗りがそのようになったのですが、そうでないことが2度ありました。

1度目はアルゴー探検隊が通過する時でした。その探検隊の中に竪琴の名手オルフェウスがいたのです。彼は竪琴を弾きながら通過したのです。それは彼女たちの歌声を遥かに凌ぐものでした。英雄ブテスを除いて船乗りたちは彼女たちの歌に耳を貸しませんでした。プライドの高いセイレンたちにとってこれほどのショックはなかっ

ユリシーズとセイレン
柱に縛り付けられたユリシーズ（オデュッセウス）に歌を聞かせるセイレン、もだえ苦しむユリシーズ
（ハーバード・ジェームス・ドレイパー、1849-1917）

トロイアの木馬の行進
（ジョヴァンニ・ドメニコ・ティエポロ、1696-1770）

たのでしょう。悔しさのあまり自殺してしまいました。

2度目はオデュセウス達が通過する時でした。オデュセウスはトロイア戦争で勝利したギリシャの英雄でトロイアの木馬を考え造った英雄です。

トロイア戦争は10年もの長きに亘って続きました。オデュセウスは一計を案じ、巨大な木馬を造り、「女神アテナに捧げる」と彫りつけて、その木馬の腹の中に精鋭を率いて潜みこみます。20人とも30人ともいわれています。この中に外科の守護神マカオンもいました。この木馬をトロイの城門の前に放置して、ギリシャ船団は一斉に海の彼方へ引き揚げたのです。戦いを諦めたように見せたのです。

トロイア人は、木馬を城内に運び込ませます。勝った、勝ったと大喜びです。予言者カサンドラは、運び込むことに反対したのですが、アポロンによって「誰も彼女の予言を信じない」状態にされていたため、彼女の話を聞く者は誰もいませんでした。戦勝気分に浮かれて、城内は飲めや歌えの大騒ぎです。

トロイアの兵士たちは安心しきって酔い潰れてしまいます。酔い潰れている間に木馬に隠れていたギリシャ（スパルタ）の勇士たちが、木馬から忍び出て城門を開きます。その時にはギリシャ軍は海岸に戻ってきていました。木馬の兵士と呼応してトロイア軍を攻撃します。こうして難攻不落のトロイア城は陥落したのです。

オデュセウスは、すぐには帰国することができず船旅に出ました。そこでセイレンたちのいる島を通過するのです。その際、魔女キルケーのアドバイスを受け、その海域を渡る時に船乗りたち全員を蜜蝋で耳栓をするようにしました。オデュセウスただ1人、セイレンたちの歌声を聞くために、耳栓をせずに、部下に命令して帆柱の根本にきつく体を縛り付けさせました。近世絵画には、セイレンたちの歌に心酔したオデュセウスがロープをほどこうともがき苦しんでいる絵があります。しかし、耳栓した船乗りたちは知らんふりして船を漕いでいくのです。やはり、この時もプライドを傷つけられた彼女たちは自殺してしまいました。

セイレンたちは怖いですから、サイレン（警報）を鳴らして警戒させる意味になっていますが、それはこのような物語からきているのです。

コラム

オルフェウス物語

オルフェウスはアポロンの子です。アポロンから授かった琴（リラ）で、いつしかセイレンたちを死に至らしめるほどの腕となっていました。

オルフェウスは成人し、ニンフ・エウリディケと相思相愛となり結婚します。しかしエウリディケは遊んでいるうちに、毒蛇に噛まれて死んでしまいました。

諦めきれず、琴を奏でながら冥界に向かいます。琴の音色と彼の思いはあらゆる妨害を退け、冥界の王ハデス（英語でpluto）との面会を許されるまでになります。

オルフェウスは琴とともに説得し、感動したハデスの妻ペルセフォネの協力を得て「地上に出るまで絶対にエウリディケの顔を振り返って見てはいけない」という約束のもとで返されることになりました。

オルフェウスは、エウリディケの手を引いて喜び勇んで冥宮を飛び出し、川を渡り、洞窟の階段を上がっていきます。地上の光が見えてきたところで、オルフェウスは、我慢できなくなり、後ろを振り返ってしまいました。

エウリディケの手はほどかれ、その姿は冥界に吸い込まれてしまいました。

もう悲しい旋律しか奏でられなくなったオルフェウスは、旅先で酒に酔ったニンフたちに殺されて、バラバラにされリラごと川に投げ込まれたとも、酒と狂気の神ディオニュソスの怒りに触れ、酒に酔い神経が昂ぶっていた巫女達によって八つ裂きにされてしまったともいわれています。

後にオルフェウスはゼウスによって天にあげられ、こと座になりました。

これとよく似た物語が旧約聖書の創世記にあります。

ソドムとゴモラという町が退廃きわまりなくなり、神の逆鱗に触れ、火と硫黄で、町もろともそこに住む人間をはじめすべての生物が跡形もなく焼き尽くされました。

しかし、町に住む善人、アブラハムとその親戚ロトと彼の妻と娘2人は前もって救われました。ただし、町を脱出する時決して後ろを振り向いてはならないという約束のもとで。にもかかわらずロトの妻は後ろを振り返ったのです。途端に塩の柱となり死んでしまいました。（創世記第一九章）

▒パニック（恐慌、混乱状態）、パンデミック（世界的流行）

↓恐怖と優しさを備えた牧神パン

医療の分野でパンの付く言葉はいろいろあります。パニック（panic＝恐怖）のほか、パニック発作、パンデミック（世界的流行）などです。

パニック発作とは、これといった誘因もなく突如として動悸、息切れ、めまい、ふらつき、窒息感、吐き気、ふるえ、発汗、しびれ、紅潮、胸部圧迫感、そして死の不安、発狂不安、何かしでかすかもしれないという不安に襲われる発作をいいます。交通事故や火事、幼児期の被暴力体験や人から襲われたことなどの恐怖体験をした人が、その時のことを思い起こし、同様の発作に襲われることがあります。これもパニック発作です。

パニックバリュー（値）というのがあります。緊急異常値で極端な異常値でもあります。よく血液検査の異常値でパニックバリュー（値）ですと返事がくることがあります。一瞬ドキッとします。極端な異常でなくても注意を喚起する意味で報告がきますので、その後ホッとしたことも幾度も経験します。

そのほかパンには「全般の」という意味があります。パノラマは「全景」「概観」です。パンデミックは「全国的、世界的流行の」という意味があります。「今年のインフルエンザは世界的に流行しました」などというとき、このパンデミックという言葉が使われます。

ギリシャ神話ではパンはヘルメス（神々の伝令、商業、牧畜や泥棒の神）とニンフ（妖精）との間に生まれた牧畜の神です。パンは、川や森を支配し、羊をはじめとした家畜の守護神で、崇拝されていました。山羊の足と2本の角を持ち騒々しく笑う子どもで、その姿を見たすべての神はパンに興味を示し、喜びます。「すべて」の神をなぐさめたのでパン（すべて）と呼ばれるようになったということです。

なぜパニック（恐怖）と関係があるのでしょうか。

パンはよく昼寝をしていました。この昼寝中に誰かが物音を立てたり、遊んだりして睡眠を妨げられると、パンは大暴れします。それは羊が荒れ狂うとか死んでしまうほどで、これがあまりにも恐ろしかったのでパニックという言葉が生まれたのです。羊飼いたちはパンの機嫌を損ねないように、とても恐がっていたということです。

パンは悪い面ばかりでなく良い面もありました。素晴らしい笛の演奏で、ニンフ（妖精）とよく遊んで、周りを楽しませていたのです。

人には良い面と悪い面があることがありますが、現代において自分の名前がパニック（恐慌、混乱状態）とかパンデミック（世界的流行）などに使われているとは、パン自身も想像しなかったに違いありません。

笛の演奏をエロメノスの羊飼いダフニスに教えるパンの彫像

▒ フォビア（恐怖、恐怖症、病的恐怖）→敗走するアレスの子フォボス

フォビアは恐怖という意味です。しかし、これはギリシャ神話のフォボス（Phobos＝敗走）からきている言葉です。

ギリシャ神話の十二神の1人アレスとアフロディテの子どもにはハルモニアのほかにデイモス（Deimos＝恐怖）とフォボス（敗走）がいました。ハルモニア同様、アフロディテの不倫の子です。デイモスは敵をみると恐怖が先に立ちます。フォボスは真っ先に逃げ出します。いつのまにかフォボス（敗走）は相棒のデイモスと同じように、恐怖を指すようになったのです。

アレス（マルス）は火星です。火星には衛星が2つあり、それはデイモスとフォボスなのです。

▒ エディプスコンプレックス
→オイディプス王（父と知らずに父を殺し、母親と知らずに母親を娶った王）

コンプレックスを劣等感ととらえている人がいますが、そう単純なものではなく、感情の複合体と考えられます。

エディプスコンプレックスとは男の子が無意識のうちに同性である父を憎み、母親

に愛着を持ち、性的に思慕する傾向をいいます。男性はこのような葛藤を経て成長するといわれています。フロイトがギリシャ神話にちなんで名付けました。

「オイディプス王」の物語は、古代ギリシャの都市テーバイに始まります。テーバイにはカドモスとハルモニアの悲劇がありました。彼らの曾孫、曾曾孫まで続く悲しい物語なのです。

テーバイの王ライオス（カドモスとハルモニアの曾孫）はアポロンから神託を受けました。それは彼の妃イオカステとの間に男の子が生まれたならば、ライオスはその子によって殺されるだろうという恐ろしい予言でした。

そして本当に男の子が生まれたのです。先の神託を怖れたライオスは、生まれたばかりの赤子の両足のくるぶしにピンを刺し通し、牧人に山中に捨てるように命じました。「オイディプス」とは「腫れた足」を意味するのです。山に捨てられた子は、隣国コリントスの羊飼いに拾われ、コリント

オイディプスとスフィンクス
（1808）
（ジャン・オーギュスト・ドミニク・アングル、1780-1867）
パリ、ルーブル美術館

ス王ポリュボス夫妻に預けられました。子どものいなかった王と妃は、オイディプスを実の子のように慈しみ、育てました。そして文武に優れた立派な若者に成長していきました。

成人したオイディプスは自らの出生について疑問を抱くようになります。そこでアポロンの神託に出向き、その真偽を問い質しました。しかしその答えは得られず、代わりに「故郷に帰ると、父を殺し、母と交わる」という恐ろしい運命を告げられたのです。

出自に疑問を持ったとしてもオイディプスは、その時はまだ育ての親であるポリュボス夫妻を実の両親と信じ、心から敬愛していました。そんな不遜なことはとてもできるものではありません。そこで予言を受けた後、そうならないようにと、コリントスに帰ることをあきらめ、テーバイに向かったのです。

その時に事件が起こります。旅の途中、狭い道で戦車に乗ったお年寄りの一行に出くわします。双方が道を譲らず争いになり、オイディプスはこのお年寄りを殺してしまいます。このお年寄りこそ実父テーバイ王ライオスだったのです。こうして、第1の予言は遂行されたのです。

オイディプスがテーバイに着きます。町はスピンクスの災難に悩まされていました。

スピンクスは、女の顔にライオンの身体、鷲の翼を持つ怪物です。怪物の謎解きに機知を持って答え、スピンクスを退治します。

危機から街を救ったオイディプスは大歓迎されます。こうしてテーバイを災難から救ったオイディプスは、新しい王として迎えられ、死んだライオス王の妃イオカステ（実の母）を妻とします。2人の間に2男2女をもうけました。こうして第2の予言も成就されたのです。

テーバイの町は平穏に過ぎていきましたが、しばらくして疫病が発生し、大勢の人が死んでしまいます。

この災難の理由は、アポロンの神託で明らかにされます。「テーバイでライオス王殺しの犯人がまだ罰せられずにいるから、災難が起きている。地の汚れを払うため、ライオス王殺しの犯人を罰せよ」というものでした。

さまざまな経過の中ですべてを知ったオイディプスは、自らの手でおのれの両目を潰し、王位を退きます。やがて、テーバイを去ったオイディプスは娘のアンティゴネに手を引かれ、各地をさまよい歩きます。最後にアテネ郊外のコロノスに着き、そこで死んだということです。

オイディプスが父を殺したのは正当防衛であり、母と交わったことも、まったく知らずに行ったことです。彼の罪とはいえないのです。ここまで悲劇が続くのは、ゼウスの妻ヘラ、軍神アレス、知恵と正義の女神アテナ、鍛冶と炎の神ヘパイストス、狩猟と純潔の女神アルテミスの怒りのせいともいわれています。

▒エレクトラコンプレックス―父を殺した母を殺す娘エレクトラ

エレクトラコンプレックスとは、女の子が無意識のうちに父親に愛着を持ち、母親に反感を示す傾向をいいます。女児は最初母親に愛着心を持ちますが、5、6歳頃になると、異性としての父親が愛の対象となり、そのライバルとしての母親を敵視する、ともいわれています。男女ともこのような精神葛藤を経て大人になるのですね。

このエレクトラコンプレックスもギリシャ神話由来で、フロイトの弟子のユングが名付けました。女性版「エディプスコンプレックス」といったところです。

トロイア戦争の時、ギリシャ軍の総大将はアガメムノンでした。その妻はクリュタイムネストラといいます。アガメムノンはクリュタイムネストラの当時の夫と子を殺し、ミュケナイの王位を手にするとともに、悲しみに暮れる彼女を妻にしたのでした。

夫と子どもを殺されたクリュタイムネストラの悲しさは相当なものだったでしょう。辛かった日々を過ごしたと思います。しかしその後、アガメムノンの間に2人の女子、

1人の男子が産まれます。その女子の1人がエレクトラです。

トロイア戦争でアガメムノンは、バラバラだったギリシャをまとめて、総大将として出征しますが、逆風で船出ができなくなります。予言に従いもう1人の娘イピゲネイアを生け贄として女神アルテミスに捧げたのです。

クリュタイムネストラにしてみれば、前夫、前夫との間の子を殺された上に、さらにアガメムノンとの間に生まれた娘まで生け贄をされたことになります。恨みや怒りは察するにあまりあります。

アガメムノンがトロイア戦争に参戦しての留守中、クリュタイムネストラはアイギストスと深い仲になります。そして2人は戦争から凱旋したアガメムノンに奸計をめぐらせて浴槽で殺します。

アイギストスは復讐を恐れ、エレクトラを貧農のもとに預けます。さらにエレクトラの弟オレステスを殺そうとしましたが、エレクトラはオレステスを助け出して、伯父のもとに預けます。

しかしエレクトラやオレステスにしてみれば、母クリュタイムネストラが、どれほどの悲劇に遭っていようと、父アガメムノンを殺した仇であることには変わりありません。

2人は父の仇であるアイギストスと実母クリュタイムネストラの寝室に忍び込み、2人を刺し殺します。エレクトラがオレステスを励まして、クリュタイムネストラを殺させようとした時、母親は彼らに対して、彼らの口に含ませた乳房を示し、許しを請うたといいます。

その後、オレステスは母の亡霊と復讐の女神に追われますが、最後は平穏に暮らしました。悲しい物語ですね。

夫と子どもを殺され、無理矢理結婚させられ、生まれた子どもも生け贄にされ、生き残った子どもたちに殺される、クリュタイムネストラのこの悲劇には、何と答えたらよいのでしょうか。

※ここで使われているコンプレックスは劣等感という意味ではないことをお分かりいただいたと思います。

復讐の女神たちの追われるオレステス
（ウィリアム・アドルフ・ブグロー、1825-1905）

コラム

フロイトとユングの療法

●フロイト（１８５６～１９３９年）

オーストリアの精神医学者。人間の心理生活を下意または潜在意識の領域内に抑圧された性欲衝動（リビドー）の働きに帰し、心理解明の手段として精神分析の立場を創始（広辞苑）。

●ユング（１８７５～１９６１年）

スイスの心理学者・精神医学者。フロイトの考えに共鳴した第一弟子で、精神分析運動の指導者となったが、後にその学説を批判し、独自の分析心理学を創始（広辞苑）。

フロイトとユングは、催眠によって、意識的に忘れようとしていることや思っていることを口に出させて治療に応用しました。しかし「催眠療法」の欠点として、催眠状態で思い出したことは、覚醒時にはまるっきり忘れていることや、依存性が強くなったりして、自分の力で治せないなどのことがあり、フロイトもユングも「催眠療法」を止めたといわれます。

そして、フロイトは「自由連想法」を考え出します。寝椅子に患者を寝かせ、その頭の方に治療者が座ります。治療者を見えなくして、心に思いつくものを何でもいいから患者にしゃべらせるというのです。

一方ユングは「夢」を扱います。眠っている時は、自我のコントロールが弱まっており、意識化されないところが動くといいます。

コラム

自分流は結局他人流（筆者の経験より）

私の仕事のひとつに「痙性斜頸」の治療があります。これは、次のように定義されている。

「頸部諸筋群の不随意的な間代性ないし緊張性収縮に基づく、頸部の異常な捻転運動や異常姿勢がみられること」

これによって、顔は正面を向くこともできなければ、自分の目的とした方向に向けることもできなくなります。人前であろうとなかろうと症状は現れ、仕事も制約され、第一線から退かなければならないこともあります。病因は基底核の病変によるものとか、心因性のものとかいわれますが、その本態は不明です。

今から30年以上前に本症例を経験し、当時の学術誌を参考にして、緊張を繰り返している首にある胸鎖乳突筋に電極を当て、表面筋電図によるフィードバック治療を試みました。患者さんには、筋電図の収縮している波が小さくなり音が聞こえなくなれば、首の緊張が取れ顔は正面を向くことができると説明して、毎日のように訓練しました。

筋電図を見るために、部屋は多少暗くします。周りに人がいれば気になるので、マンツーマンの訓練です。私は、患者さんの斜め後ろに座って訓練方法を指示したり、さまざまな話をしました。この条件で訓練していて患者さんと話すと、明るい所で面と向かっている時には絶対に話さないことを、患者さんは話してくれます。仕事上の悩み、家庭での悩み、人間関係や人生上の悩みなどです。またカタルシス（精神分析の用語。精神的外傷によるしこりは、無意識の中に抑圧されてとどまっている。これを言語・行為または情動として外部に表出することによって消散させようとする精神療法の技術。浄化法ともいえる）もあるでしょうか。

そして、患者さんは自分で話していくうちに問題点が明らかになり、自分で整理して、その解決の方法が分かってくると、この痙性斜頸が改善、また全快したりするのです。なかには困難な症例があり、精神科医に相談することもありましたが。

私はこのフィードバック治療のさなかに、患者さんが自分の身に降りかかっているさまざまな問題点を話してくれることが疑問でした。きっと筋電図を見ていることによって、精神が筋電図に集中し、また暗がりということもあって雑念が取り払われ、話しやすくなっているのではないかと考えてきました。

考えてみると、私の方法はフロイトの「自由連想法」に似ています。フロイトまで出してのぼせるなと言われかねませんが、自分自身が気付かないうちに、先人の仕事に類似したことをしていたのです。

いずれにせよ、患者さんが悩みを抱えている時に、静かなリラックスできる雰囲気で、それもあまり明るくない所で、患者さんと向き合わずに話を聞くと、いろいろと話してくれることは確かです。（岡本五十雄・他・痙性斜頸に対するEMG―生体フィードバック治療、リハ医学・19―24、１９８７）

■ロミオとジュリエット効果→ピュラモスとティスベの愛の物語

シェークスピアの戯曲に「ロミオとジュリエット」の悲劇があります。

イタリアのロミオ（男性）とジュリエット（女性）の家は長い間、血で血を洗う争いを繰り返してきました。その2人が「オー、ロミオ」「オー、ジュリエット」と命をかけるほどに深く愛し合ってしまったのです。

さまざまな経過の後、ジュリエットは修道士と相談し、仮死状態になる薬を服用して納骨堂に入り、ロミオと再会し家を出る予定でした。しかし、仮死状態のジュリエットを見たロミオは本当に死んだと思いこみ、その場で毒薬を飲み自らの命を絶ちました。目覚めたジュリエットは、ロミオの死を見て、自ら短剣でロミオの後を追いました。

なぜもう少し待てなかったのかと思いますが、待てないほどロミオにとって衝撃は大きかったのです。

この悲劇は心理学の用語としても使われています。「ロミオとジュリエット効果」です。ロミオとジュリエットのように、2人の間に障害があればあるほど、それを乗り越えようと2人で努力することで一層愛も深まっていくという心理効果のことです。「ハラハラドキドキ効果」ともいわれます。

たとえば、両家から反対されて結婚できず、駆け落ちする若いカップルがいます。これからどうなるか不安です。厳しい生活も待ちかまえています。いやが上にも精神的に緊張し、ハラハラドキドキするものです。精神的な緊張が高まれば高まるほど、2人の愛は本物だと思いこみがちになります。順調にいくカップルもありますが、後で「どうしてこんな人を好きになったのか」思う人もいます。

この「ロミオとジュリエット」と同じような物語が、ギリシャ神話にもあります。「ピュラモスとティスベの愛の物語」です。

バビロンにピュラモスとティスベという美青年と美少女がいました。2人の家は隣同士で互いに敵対関係にありました。2人は両家の間の壁に空いている小さな穴から、毎夜愛を語り合いました。しかし許されぬ愛、2人は駆け落ちしようと決心しました。

2人は街はずれの小さな泉の桑の木のもとで、待ち合わせることにしました。ティスベは親たちが寝静まってから、桑の木のもとに来ました。ピュラモスはまだ来ていません。

ロミオとジュリエット
（フォード・マドックス・ブラウン、1821〜1893年、イギリス）

すると闇の中からライオンのうなり声がしました。ティスベは慌てて近くの岩陰に隠れましたが、その時ベールを落としてしまいました。ライオンは獲物を食べた後なので口が血まみれです。その口でベールを引き裂き、血まみれにしてしまいました。

後からやって来たピュラモスは、血まみれのベールとライオンの足跡を見て、ティスベがライオンに食べられたと思い、絶望のあまり自らの短剣で喉を突いて命を絶ちました。しばらくして戻ったティスベも、それを見て同じ短剣で胸を突いてピュラモスの後を追いました。桑の木は、2人が自殺した時に流れ出た血のせいで赤黒く染まった実をつけるようになりました。

ライオンが出てくるのは「ロミオとジュ

コラム

●吊り橋理論

1974年にカナダの心理学者、ダットンとアロンによって発表された学説。実験は、18~35歳までの独身男性を集め、渓谷に架かる揺れる吊り橋と揺れない橋の2か所で行われた。男性にはそれぞれ橋を渡ってもらい、橋の中央で同じ若い女性が突然アンケートを求め話しかけた。その際「結果などに関心があるなら後日電話を下さい」と電話番号を教えるということを行った。結果、吊り橋の方のリエット」とは違いますが、死んだと勘違いすること、短剣で死ぬことなど、同じストーリーです。

シェークスピアが「ロミオとジュリエット」を創作しなければ、「ロミオとジュリエット効果」とは呼ばれず、「ピュラモスとティスベ効果」という言葉が生まれていたかもしれません。


男性からはほとんど電話があったのに対し揺れない橋の方からはわずか1割くらいであった。

このことから、揺れる橋での緊張感を共有したことが恋愛感情に発展する場合があるといわれるようになった。

●吊り橋効果
驚きや恐怖などによる興奮を勘違いし、そこに居合わせた異性に恋をしたことによる興奮と思うこと。

シェイクスピア別人説?

シェイクスピア(1564〜1616年)イングランドの劇作家、詩人です。彼の作品で、4大悲劇と言われる「ハムレット」「マクベス」「オセロ」「リア王」のほか、「ロミオとジュリエット」「ヴェニスの商人」などはよく知られています。

しかし、シェイクスピア別人説を唱える人たちは、シェイクスピアの作品には、本人の生い立ちから成人に至るまでの教養を遥かに超える作品が多いというのです。法律、外国語、近代科学に詳しく、また宮廷生活の模様などが詳細に描かれており、別人ではないかと考えるのです。

フランシスベーコン（1509〜1592）、第17代オックスフォード伯エドワード・ド・ヴィア（1550〜1604）、クリストファー・マーロウ（1564〜1593）、サー・ヘンリー・ネヴィル（1562〜1615）などのほか、多くの名が挙げられています。その論争が長い間続いているのです。

墓場のシェイクスピアもハラハラ・ドキドキ（ロミオとジュリエット効果）しているのではないでしょうか。

▒ カサンドラ症候群（聞き入れてもらえない妻の苦悩）
―悲劇の予言者カサンドラ

カサンドラは、ギリシャ神話に登場するトロイアの王プリアモスの娘です。悲劇の予言者です。彼女の予言を周りの者が信じてくれず、トロイア軍が戦争に負けたといわれています。彼女はアポロンに愛され彼の恋人となり、予知能力を授かりますが、その能力で後に自分がアポロンに捨てられることが分かり、アポロンから離れていきます。怒り狂ったアポロンは、カサンドラの予言を誰も信じないように呪いをかけてしまいます。カサンドラ自身、未来は見えて予言するのですが、周りの人間は誰も信じてくれないのです。

トロイア戦争でギリシャ軍が海岸に木馬を残して退却した後に、トロイアの市民が城壁内に木馬を運び込もうとした時も、破滅につながることを予言して抗議しましたが、誰も信じてくれませんでした。

トロイア戦争で負けたときカサンドラは陵辱された後、ギリシャ軍の総大将アガメムノンの戦利品となり、ミュケイナに連れて行かれました。そこでアガメムノンの妻クリュタイムネスト（エレクトラの母）の手にかかり、アガメムノンとともに命を落とします。悲劇的ですね。

さて、アスペルガー症候群の夫には妻がいろいろと話しても分かってもらえず、さまざまな症状が妻に現れてきます。これがカサンドラ症候群です。カサンドラが周りに話しても分かってもらえないことと似ています。ちなみにアスペルガー症候群の男

カサンドラ
（イーヴリン・ド・モーガン、1885-1919）

女比は4対1です。

アスペルガー症候群は、自閉症の3つの主症状（社会性の障害、コミュニケーションの障害、想像力の障害およびそれに基づく行動の障害）のうち、コミュニケーションの障害は軽度です。言語発達の遅れは少なく、知的に正常者も多いですが、自閉症と同様の生来の社会性の障害を持ち、また興味の著しい隔たりやファンタジーへの没頭、ときには儀式行為を持ちます。不器用な人も多いです。いわゆる空気を読めないのです。

織田信長、スティーヴン・スピルバーグやアインシュタイン、エジソンなどもアスペルガー症候群だったといわれています。

アスペルガー症候群の伴侶を持った配偶者は、コミュニケーションがうまくいかず、分かってもらえないことから自信を失ってしまいます。また世間的には問題なく見えるので、伴侶が不満を口にしても人々から信じてもらえず、その葛藤から精神的、身体的苦痛が生じる、これがカサンドラ症候群の仮説です。

症状としては偏頭痛、体重の増加または減少、自己評価の低下、パニック障害、抑鬱、無気力などが現れるといいます。

※カサンドラ症候群やアルテミスコンプレックスは、病名ではありませんが端的に

理解できる言葉を神話からよく引き出すものと思います。一方で人間の心理は複雑ですから、簡単に決めつけすぎると誤解を生みやすいので注意しなければなりません。

※その他心理学用語に関連するものに
前述のナルシスト（自己愛主義者）↓ナルキッソス（エコーの項で）
アルテミスコンプレックス↓処女神の心理（女神の嫉妬、怒りの項で）
ミューズ（瞑想）↓ピタゴラスとひらめきの神ムーサたち
があります。

ヒプノティック（睡眠薬）↓眠りの神ヒュプノス

睡眠薬はHypnoticといいます。睡眠薬は不眠のときに服用するのですが、気をつけなければならないとこがあります。私の脳卒中患者さんについての調査ですが、睡眠薬服用群に転倒や便秘の割合が多いのです。転倒は骨折の原因になりますので慎重な使い方が求められます。

特に、お年寄りに使う場合にも注意が必要です。お年寄りは、薬が身体の中に長時間残りやすいので気をつけなければなりません。長時間作用の薬は特に注意を要します。日中ボーッとしていて認知症と間違われる場合があります。

私の経験では、80歳を過ぎて家族の言うことを聞かなくなり、不眠も現れてきた患者さんがいました。精神安定剤と睡眠薬を服用している間に記憶力が低下し、おかしなことを言うようになり、近隣の医療機関でも認知症と診断されていました。

私の病院に入院してきてから、意識が低下し日中から反応が鈍くなり、そして全く反応しなくなり、看護師が慌てて飛んできて「先生、先生、大変です、患者さんの意識がないのです」と言います。どうも、通常の意識障害とは異なります。そこで、思い切って服用していた4種類の睡眠薬や精神安定剤も服用を中止しました。

3日後に目覚め、5日後にはすっきりして認知症の症状もなくなり、その後のリハビリも順調に進み、長谷川式簡易知能スケール（30点満点）は8点から29点になりました。このようなことがあるので、睡眠薬の服用は慎重にしたいものです。

さて、神話のヒュプノス（Hypnos）とはどのような神でしょうか。ヒュプノスは地下深く闇の世界に、沈黙して暮らす心優しい神です。眠りの神で、その息子達は「夢」に関係しています。その中の1人にモルペウスがいます。人の死もヒュプノスが与える最後の眠りであるといいます。

ヒュプノスに関連する言葉

- Hypnotic addict…睡眠薬嗜癖者
- Hypnotic suggestion…催眠暗示
- Hypnotism…催眠術
- Hypnotist…催眠者
- Hypnotization…催眠、催眠誘発

・Hypnotize…催眠する

▒アトロピン（瞳を開き女性を美しくする）↓生命の糸を切るアトロポス

アトロピン（Atoropine）はアトロパ・ベラドンナ（atropa Belladonna）ともいいます。1819年に単一アルカロイドとして分離されました。ベラドンナとはイタリア語で美しい貴婦人という意味です。ベラドンナの葉と根を煮出してアトロピンをとることができ、近世では貴婦人たちは瞳孔が開き綺麗になるので、目薬として使われました。瞳が大きいと綺麗にみえるのは昔から分かっていたのです。

瞳が大きくなると、光がまぶしく目が開けられません。また、見えてもぼやけてしまいます。それでも美しく見せるために、このような努力をするのです。

アトロピンはある種のナス科の植物の根や葉に含まれています。神経伝達物質であるアセチルコリンの作用を競合的に遮断し、副交感神経の作用を抑制します。具体的な作用としては、瞳孔を開き、眼内圧上昇、消化管の運動の抑制、消化液分泌の抑制、心機能の抑制、精神発揚と幻覚などの作用があります。多量に服用すると、昏睡、体温の低下、呼吸不能に陥ります。死を導いたりもします。

しかし薬も使い方次第です。この薬の作用は有機燐系の農薬中毒の治療にも使われます。地下鉄サリン事件のときに治療薬として用いられました。また神経ガスに曝露されたときにアトロピンを打つことで、難を逃れるといいます。

ザ・ロックというニコラス・ケイジ主演の映画でもそれが使われたと思われる場面がありました。映画の最後の場面ですが、ＶＸガス、これはサリンなどと同じような猛毒の神経ガスで、人類が作った化学物質の中で最も毒性が強いものです。これを吸ってしまい、心臓が止まりそうになります。その時に心臓に直接、自分でアトロピンを注射し、助かったという場面がありました。瞬間的でどうしたのかなと思いましたが。通常このようなことはできませんが、よく考えたものだと思いました。

さて、神話では生命の糸（運命）を司る3人の女神たちとして登場します。3女神はモイラといいますが、それぞれに役割があります。クロト（klotho）は紡ぐ女、ラケシス（lachesis）は割り当てる女、アトロポス（atoropos）は曲げられない女神です。

運命の三女神クロト、ラケシス、アトロポス

右がクロト、羊毛を送り出している。真ん中がアトロポス、糸を切る役目

左がラケシス、糸に撚りをかけながら巻き取っている。（ジョン・メルヒッシュ・ストルードウィック、1849-1935）

彼女たちが扱うのは人間の生命の糸です。彼女たちの一存で運命が決まるのですからとても怖いものです。

具体的には、現在を司る女神クロトが生命の糸を紡ぎ、繰り出された生命の糸の長さ（その人の生きた時間）を過去の女神ラケシスが測り、もう十分だと判断されるとモイラの中でも最も暗く冷徹な未来の女神アトロポスが手にした大鋏で音高く断ち切るのです。切られたところがその人間の絶命の時なのです。

アトロピンには生命を断ち切る作用があり、このアトロポスの名をとっているのです。

アトロピンは花言葉は「沈黙」「汝を呪う」などです。

▒モルヒネ（強い鎮痛作用）↓人の姿になって夢に現れるモルペウス

モルヒネ（Morphine）は、阿片に含まれるアルカロイドの一種です。アルカロイドとは植物体などに含まれる窒素を含む塩基性の有機化合物です。一般に毒性があり、また特殊な薬理作用を持つものが多いです。タバコのニコチンや茶のカフェインなどもアルカロイドに含まれます。

モルヒネは通常の鎮痛剤よりも優れた鎮痛作用があります。がんによる疼痛を緩和するのにとても有効です。抗がん剤の治療で食欲がなくなり、体力がなくなるような場合や、治療後も疼痛が続く場合とか、高齢者で抗がん剤の治療に耐えられないような場合、モルヒネを使った終末期を過ごす人が多くなっています。適切に投与されるので依存性については心配ありません。進行がんなのにモルヒネを服用して、元気に過ごしている人をよくみかけます。

そんなモルヒネは、モルペウス（Morpheus）に由来します。モルペウスはヒュプノスの子で、誰よりも上手に人の姿を真似ることができ、夢で真実を知らせることができるのです。

ケユクスという王様がアポロンの神託を受けに船旅に出るのですが、船が難破して死んでしまいます。妻のアルキュオネーは夫の帰りを待ち、必死に探し続けます。誰もが羨む相思相愛の仲です。アルキュオネーはあの優しくて逞しい夫が死んだとはとても思えないのです。これを知ったモルペウスは、彼女の夢の中にケユクスとなって現れ、死んだ事実を伝えたのです。その後2人は2羽のカワセミになったということ

アルキュオネー

海岸で夫を捜している。頭上を飛ぶのは2羽のカワセミ。　（H.J.ドレイパー、1863-1920）

です。

モルヒネはドイツのウエストファリアという町の小さい薬局に勤めるゼルテュルナーが、1803年20歳のときにその有効成分を分離しました。そして彼と友人3人で人体実験するのです。その結果から内服による有効量や中毒量の極量を決めたのです。それは現在の知識とあまりかけ離れたものではなかったということです。

彼はギリシャ語で形（姿）を作るもの（Morphea）からモルヒネ（Morphine）の名を与えたのです。

なお、ハルシオンはアルキュオネーに由来します。

アフロジシアカ（媚薬）↓男を骨抜きにするアフロディテ

アフロディテは男を骨抜きにするほどの妖艶な女神です。アフロディテに由来する薬品として、アフロジシアカ（Aphrodisiaca・媚薬、催淫薬）があります。これは性欲を催させる薬です。相手に恋慕の情を起こさせる薬です。アフロディテは男を骨抜きにする美しさをパンドラに与えたと言いますが、アフロジシアカはまさにその名にふさわしい命名ですね。

これに関連する言葉として、アフロジシオマニア（Aphrodisiomania）は淫欲症、色情狂です。エロトマニア（erotomania）ともいいます。アフロジシア（Aphrodisia）は性的興奮。まさに男を骨抜きにする神に由来しています。

■ミルラ（没薬・もつやく）↓父親を愛したミュルラ（Myrrha）の悲劇

ミルラ（没薬）とは、簡単に言うとミルラの木から分泌される赤褐色の植物性ゴム樹脂のことです。

古くから香として焚いて使用されていました。殺菌作用や鎮痛作用もあります。

ミルラの精油は独特の香りがします。それはアロマテラピーとして、ストレスを軽減し、心身の健康を取り戻すのにも利用されています。

古代エジプトではミイラの防腐処理のために使用されていました。ミイラの語源がミルラという説もあります。

このミイラの粉末、当然ミルラが含まれていますが、15〜17世紀のヨーロッパでは万能薬とか不老長寿の薬とされ、これを取るためにミイラが盗掘されたのです。そ

没薬

のためミイラがほとんどなくなったといわれています。考古学にとっては大きな痛手となりました。

このミルラは日本にも南蛮貿易を通じて秘薬として入ってきていました。とても重宝がられたということです。実際にはそれほど効果があったとは思われませんが、通常の薬で治療効果がなかったときに使われたということです。しかし、とても高価で庶民には手が届きませんでした。

さてミルラの由来となったミュルラ（Myrrha）についてですが、ミュルラは美しい娘です。思いを寄せる若者が後を絶ちませんでした。しかし彼女は、ひそかにキュプロス王である父キニュラスを愛していたのです。祭りの夜、キニュラスの床に、ベールで包んだ見知らぬ女性が紹介されてきました。2人は結ばれたのですが、女性の正体がミュルラだと父王に知られ、ミュルラは家出しました。しかし後に妊娠していることが分かりました。罪の重さと、その罪をあがなわなければならず神に祈りました。

没薬樹

これ以上人間として生きることも、死ぬこともかないません。神は彼女の祈りを聞き届けました。みるみるうちに、1本のミュルラ（Myrrha・没薬）の木となったということです。

没薬の木になったミュルラからアドーニスが生まれます。アドーニスはギリシャ神話上、最も美しい青年といわれ、アフロディテの寵愛を受けますが、後にイノシシに突き刺され死んでしまいます。彼の流れた血からアネモネの花が咲いたということです。

アネモネの花言葉には、「はかない恋」「恋の苦しみ」「薄れゆく希望」などがあります。

ヴィーナスとアドーニス
（ティツィアーノ・ヴェチェッリオ、1488-1576）

エオジン（色素）→暁の神エオス

医療の分野ではヘマトキシリン・エオジン染色は、古くから行われており、手術や検査のために取り出した臓器、組織、細胞などを顕微鏡等で病理組織診断をするのに必要不可欠です。ヘマトキシリンは細胞核や細菌などと結合して青色に染まります。エオジンにより、細胞質や細胞と細胞の間の組織・繊維や赤血球などはさまざまな赤色に染まります。そのことでそれぞれの組織を見極めることができます。

また、エオジンは赤インクの原料でもあります。

神話と関係するのはエオジンの方です。ギリシャ神話には暁《あかつき》の女神エオスがいます。目も覚めるほどに華やかで若く美しい女神です。太陽神ヘリオス（元素ヘリウムの名の由来）の先導として、2頭の馬にひかれた戦車にまたがり、明け方早く出動します。太陽が昇るときの先導です。暁の鮮やかな色とエオスからエオジンという名がつけられたと思われます。

太陽神はアポロンといわれますが、ヘリオスであるともいわれています。

エオスはその華やかさゆえ数々の浮き名を流すのですが、ハッピーエンドに終わったことはほとんどありません。それは、エオスがアレスと深い仲になっているところを、アフロディテに見つけられ、怒ったアフロディテがエオスに淫乱の呪いかけたために、絶えず人間の男性を追いかけるようになったからといわれています。

なかでも悲劇的なのは、トロイア王子ティトノスとの恋です。エオスはゼウスに懇願し、ティトノスを不死にしてもらったのです。しかし、うかつにも不老は約束されていませんでした。エオスは神ですから、年はとらずいつまでも若いのですが、ティトノスは年老いていくばかりです。そしていくつになっても死にません。彼女は彼を幽閉し、最後は蝉に変身させてしまったということです。哀しい物語です。

ギリシャ神話の神々は自分勝手です。人生はそう思い通りにいかないものです。華やかな時は短いもの、そのような教えかもしれません。

※その他薬に関連するものに前述のオリーブの木↓アテナの贈りもの

バナケア（万能薬）↓治療の女神バナケア（蛇と杖の項で）

ナルコーティック（麻酔薬）↓自分にうっとりするナルキッソス（エコーの項で）

があります。

第5章　細菌

■プロテウス（変形菌）→変幻自在のプロテウス

プロテウス菌は変形菌ともいわれます。人や動物の腸内にある細菌ですが、土壌、下水、汚物など、自然界に広く存在します。ふだん、病原性はありませんが、体力の低下した高齢者や免疫力の弱い患者が尿路感染や創傷で感染することがあります。以前に院内感染で全国的に問題になったことがあります。

この菌は多形性があり、発育の時期でいろいろ形を変えるので、自由に変身するギリシャ神話の神プロテウスの名がつけられたのです。

プロテウスは、ギリシャ神話の海の神「ポセイドン」の息子です。過去、現在、未来のすべてを知り、自分の姿を自在に変化させる能力を持ちます。

さらに予言力も持っています。しかし彼から予言を聞こうとしても、さまざまなものに変身し捕まえることができないので、予言を聞くことは容易ではありません。

ちなみに「プロメテウス」と名前が似ているので混同しないよう気を付けてくださ

い。

「エレファントマン（象人間）」という映画を見たことがありますが、これはプロテウス症候群の青年の半生を描いた物語です。この病気は手または足が巨大に発育し、頭が大きくなり、手足の骨が過剰に成育したり、血管腫（血管が局所的に増大したもの）ができたりする病気です。青年は醜い顔でサーカスの見世物になっていましたが、とても優しく、多くの人の心を打ったということです。

神話のプロテウスはどのようなものに変身するのでしょうか。たとえば野獣や大蛇、獅子、豹などの動物、さらに炎や水など無機物にも化けてしまうのです。この変身能力が変身する細菌、プロテウスにつけられたのですね。

また、捕まえて予言を聞くことは容易ではないと書きましたが、それでも予言を聞く方法があるのです。何に変身しようとも、絶対離さないよう取り押さえたり、縛り付けたりして予言を聞くことができたことがあります。

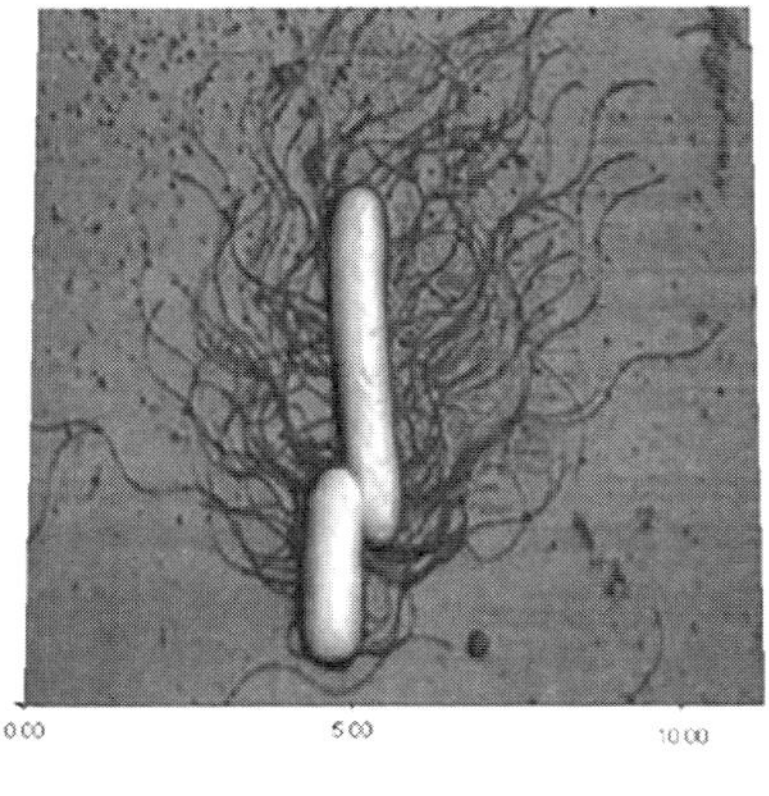

プロテウス菌の一過程

島津製作所ホームページより

１つは、プロテウスがメネラオス（トロイアのヘレネの夫）に取り押さえられたときに、ギリシャの諸将が神の怒りを買っていることや彼の兄アガメムノン（トロイア戦争の時の総大将）が最期を遂げたことなどを語り、その対応を説明しています。

そのほか、アリスタイオス（アポロンの子）に縛り上げられた時に、逃れられなくなり、アリスタイオスの飼っていたミツバチの死因を毒蛇にかまれて死んだある女性（エウリュディケー）の祟りであると話したりしています。

このようにギリシャ神話では予言や神託が真実と変わらない重みを持っています。

古くから「君子は豹変す」という諺があります。頭にきて急に人格が変わったようになったとか、酔って豹変するなどのことではありません。立派な人は、過ちがあれば豹の縞が変わるように、すみやかにそれを改め、鮮やかに面目を一新するというという意味です。「彼はあらゆる面でプロテウス的」だと、このように良い意味で使ってみたいものですね。

おわりに

こうして神話をみていくと、権力者が支配をするとき、逆らう者は徹底して迫害し、逆らわなくも支配をしていくためには、力ずくで自分のものにしていくという構図が浮かんでくるような気がします。そんな中で悲劇が起こっているわけです。

ギリシャの神は一神ではありません。多神です。親子兄弟姉妹の神同士が血で血を洗う戦争をしています。それでも神は絶対です。ギリシャの歴史経過がこのような神々を創造させたのでしょう。そして人間くささを感じさせます。崇高な神ではありません。それが、現在まで語り伝えられてきている理由かもしれません。

なお、ここで紹介した神話は、ギリシャ神話の一部です。それも医学・医療に関する身近なものです。本書でこれからギリシャ神話を読まれる方に、その導入の役割を果たせれば幸いです。

参考資料

イリアス（上）：松平千秋訳　岩波文庫
イリアス（下）：松平千秋訳　岩波文庫
オデュッセア（上）：ホメロス著　松平千秋訳　岩波文庫
オデュッセア（下）：ホメロス著　松平千秋訳　岩波文庫
ギリシャ神話集：ヒュギーヌス著　松田治・青山昭男訳　講談社学術文庫
ギリシャ神話：アポドロドーロス著　高津春繁訳
神統記：ヘシオドス、廣川洋一訳　岩波文庫
神話伝説医学用語：竹村文祥著　東明社
もう一度学びたいギリシャ神話：松村一男　西東社
ギリシャ神話：ハイデ著　山本政喜訳注
ギリシャ神話：吉田敦彦著　ＰＨＰ
神々と英雄と女性たち：長田年弘中公新書
ギリシャ神話、神々と人間たち：さかもと未明　講談社
愛と別れと嫉妬と：千葉政助　中教出版
よみがえるアスクレピオスの物語：澤田祐介　医歯薬出版
日本の神話と世界の神話：歴史の謎研究会　青春出版社
人間臨終図鑑：山田風太郎（1、2）
医学大事典：南山堂　第18版
広辞苑：岩波書店　第5版

逆説の論理：会田雄司　ＰＨＰ文庫

アスペルガー症候群と高機能自閉症の理解とサポート：杉山登志朗　株式会社学習研究社（学研）

旧約聖書　創世記：第六章～第九章

医歯薬出版より、２０１２年７月～２０１４年６月までの二年間、月刊誌、臨床栄養に連載した内容

1、　蛇と杖
2、　医神アスクレピオスとは
3、　英雄アキレウス
4、　アトラス（第一頸椎）　オリンポス12神と戦ったティタン親族アトラス
5、　アイリス（虹、瞳、あやめ）　虹の女神イリス
6、　プロメテウス（先に考える人）と肝臓
7、　パンドラの箱とあらゆる災難のはじまり
8、　オリーブの木と女神アテナ
9、　エコー（やまびこ、こだま、医療機器）とミ森の妖精エコー
10、　エコーの愛を拒否したナルキッソス
11、　ハイメン（処女膜）　結婚の神ヒュメン
12、　アフロジシアカ（媚薬）　愛と美の女神アフロディテ
13、　プロテウス菌（変形菌）　変幻自在の神プロテウス
14、　パニック　恐怖と優しさを備えた牧神パン

15、シヒリス（梅毒） 羊飼いの青年シヒリス
16、エディプスコンプレックス 実父を殺し、母親を娶ったオイディプス王
17、サイコロジー（心理学） プシュケ（サイコ）とエロスの物語
18、アラキノイド（くも膜） 蜘蛛にされたアラクネ
19、メズサの頭 見た者を石に変えるメドゥーサ
20、狂犬病（リッサ） 狂気の神リュッサ
21、ロミオとジュリエット効果
22、瞑想（musec）音楽（music）とミューズ（muse）の神
23、サイレン（警報、警笛） 美しい歌声で死へ誘う海の怪物セイレーン
24、女神の嫉妬と怒り、それによる悲劇

http://logos.vis.ne.jp/greek_mythology1.html
http://www.geocities.co.jp/Playtown-Toys/5011/new-jomo11.html
http://homepage3.nifty.com/yoshihito/toroi-m.htm
http://www18.ocn.ne.jp/~yuuhaya/bunko.html
http://www.pandaemonium.net/menu/myth03.html
http://www48.tok2.com/home/nekoMusa/shinwa.html
http://www5c.biglobe.ne.jp/~wonder/sub709.htm
http://art.pro.tok2.com/Greek/index.html
http://www.levy5net.com/space/home9.html

http://rainbow-angel.vivian.jp/myth.htm

http://gyokuto.ddo.jp/diana/html/athena/god/hero.htm

http://art.pro.tok2.com/Greek/Twelve/Jupiter/Jupiter.htm

http://www.ne.jp/asahi/art/dorian/

http://www.h6.dion.ne.jp/~em-em/index.html

http://whatfat.s22.xrea.com/troywar.html

http://pinkchiffon.web.infoseek.co.jp/troy2.htm

http://www.levy5net.com/tabi/shinwa.htm

http://www.levy5net.com/space/home17.html

http://www.ffortune.net/symbol/sinwa/sinwa/sin038.htm

http://www.ozawa-katsuhiko.com/index.html

http://www.dokodemo-bessou.com/i_tour/2_page_gr.htm

http://www.cwo.zaq.ne.jp/bfaby300/math/fibona.html

中近世絵画や版画はウィキペディアにあるパブリックドメインからの画像です。

現代医療とギリシャ神話

発　行／二〇一七年十二月二十三日
著　者／岡本五十雄
発行者／林下英二
発行所／中西出版株式会社
〒〇〇七－〇八二三
札幌市東区東雁来三条一丁目一－三四
電話(011)七八五－〇七三七
印刷所／中西印刷株式会社